나를 깨우는 진리 탐험가

_____님에게

1902년
'세크레틴'의 발견
장 호르몬의 세계가 열리다

1964년
'인크레틴 효과
(Incretin effect)'의 발견
호르몬 연구가 활성화되다

1971년
'GIP'의 분리
최초의 인크레틴 호르몬을 만나다

1983년
'GLP-1'의 발견
슈퍼 호르몬, 모습을 드러내다

1992년
'엑센딘-4(Exendin-4)'의 발견
식욕 억제의 실마리를 풀다

2005년
'바이에타(Byetta)'의 발견
최초의 GLP-1 제제를 출시하다

2009년
'빅토자(Victoza)' 승인
최초의 사람 GLP-1 제제가 등장하다

2017년
'오젬픽(Ozempic)'의 승인
슈퍼 호르몬을 활용한
기적의 비만 치료제가 등장하다

2022년
'마운자로(mounjaro)' 승인
더욱 강력해진
슈퍼 호르몬의 시대가 열리다

슈퍼
호르몬

슈퍼 호르몬

비만과의 전쟁에서 발견한
질병 해방과 노화 종말의 서막

조영민 지음

SUPER
HORMONE

21세기북스

호르몬은 어떻게
우리 몸과 운명을 설계하는가

지금까지 장에서 분비되는 호르몬은 일반인의 관심을 거의 받지 못했다. 그러나 삭센다, 위고비, 마운자로 등의 약제 이름을 아는 사람들이 점차 늘어나는 것이 보여주듯 장 호르몬의 시대가 활짝 열리고 있다. 차원이 다른 체중 감량과 혈당 감소 효과가 있고 심혈관 질환, 신장 질환, 간 질환, 퇴행성 신경 질환 등 많은 질병을 치료하거나 치료할 가능성이 점쳐지면서 큰 주목을 끌었다. 유튜브를 비롯한 다양한 매체에서도 "당뇨병 치료제가 만병통치약이 될 가능성"이 있음을 제목으로 뽑을 정도이다.

장 호르몬을 이용한 약제 개발 경과에 따라서 대형 제약회사의 주가가 출렁거린다는 뉴스도 자주 들린다. 2024년 1월, 노보 노디스크(novo nordisk)는 비만 또는 과체중 성인 3417명을 대상으로 한 장 호르몬 복합제 카그리세마(CagriSema)의 임상 3상 결과를 발표했는데, 기대에 미치지 못했다는 평가를 받았다. 68주간 투여된 참가자들은 무려 평균 22.7%의 체중 감소 효과를 보였지만(100kg인 사람이 77kg 수준으로 체중이 빠진 것임), 이는 노보 노디스크 경영진이 예측했던 25%보다 낮은 수치였다. 그러나 같은 기간 투여한 기존 GLP-1 약제인 위고비(Wegovy)가 14.9%의 체중 감소를 유도했던 점을 고려하면 훨씬 우수한 효과를 보인 것이다. 그럼에도 불구하고 업계에서는 차세대 비만 치료제로 자리 잡기에는 역부족이라는 반응이 여기저기서 흘러나왔다. 이러한 결과가 발표된 1월 20일, 노보 노디스크의 주가는 17% 이상 폭락(시가총액으로 무려 180조 원이 증발)하며 시장의 냉정한 평가를 받았다.

이와 같은 사회적 관심은 현대 의학이 비만과 대사 질환 치료의 새로운 돌파구를 뚫는 과정에 있음을 보여준다. 심지어 먹는 약으로는 혈당 조절이 잘되지 않는 2형 당뇨병 환자의 경우, 과거라면 당연히 주사제로서 인슐린을 처방해야 한다. 그러나 최근에는 장 호르몬 제제인 GLP-1 주사를 우선 추천하고 있다. 혈당 조절의 절대 강자 자리를 장 호르몬이 넘보고 있는 것이다. 이와 같은 대변혁의 이유는 뛰어난 혈당 조절 능력이 있으면서도 저혈당의 위험은 거의 없고, 여기에 더하여 체중 감량 효과, 심혈관 보호 효과, 신장 보호 효과 등이 있다고 밝혀졌기 때문이다.

많은 사람이 장 호르몬, 특히 GLP-1에 대해서 궁금해한다. 그러나 아직 장 호르몬에 대서 대중적으로 친절히 소개한 책은 거의 없다. 20년간 이 분야에 연구를 집중해 온 경험을 토대로 안내서를 써 보았다.

나는 2009년에 장 호르몬의 대표 주자 중 하나인 GIP를 발견한 캐나다 브리티시컬럼비아대학교의 연구실에서 연수했다. 연수를 가기 전까지는 당뇨병 분야의 다양한 주제로 탐색적 연구를 했었다. 당시에 비만 대사 수술이 본격적으로 도입되기 시작했는데, 수술 후 혈당과 체중이 그야말로 극적으로 좋아지는 것을 목격하였다. 이러한 좋은 결과의 뒷면에는 장 호르몬의 역할이 있다고 믿었고, 무작정 장 호르몬을 연구하는 실험실을 찾게 되었다. 연수를 마치고 귀국하여 여러 동물 실험, 임상 시험에 참여하였고, 한국인에서 장 호르몬과 인슐린 분비와 혈당 조절에 관한 많은 연구를 수행하였다. 학회에서 강의도 많이 하고, 대중 강연에서도 몇 번 장 호르몬을 소개하였었다. 이런 경험과 지식을 바탕으로 독자 여러분에게 도움이 되고자 노력하였지만, 눈에 보이지도 않는 호르몬의 세계를 소개하는 것은 결코 쉬운 일은 아니었다.

이 책은 9장으로 구성되어 있으며, 장 호르몬의 과학적 배경과 임상적 적용, 그리고 이를 통한 건강 혁신을 다루고 있다.

1장 '세계를 움직이는 슈퍼 호르몬의 등장'에서는 장 호르몬이 어떻게 건강과 대사를 조절하는지를 설명하였고, 2장 '호르몬 발견의 역사로 보는 질병 해방의 서막'에서는 GIP와 GLP-1의 발견 과정과 아메리카 독도마뱀에서 유래한 엑센딘-4가 어떻게 장 호르몬 치료제 개발에 영향을 미쳤는지 설명하였다. 3장 '내 안의 작은 우주, 위장관이 몸과 마음을 되살리는 법'에서는 장과 뇌의 협업으로 우리 몸의 에너지 대사가 조절됨을 설명하였고, 장내 미생물의 역할에 관해서도 소개하였다. 4장 '체중과 건강의 시크릿 소스, 인크레틴의 모든 것'에서는 현재까지 알려진 두 개의 인크레틴 호르몬인 GLP-1과 GIP가 인슐린 분비와 식욕 조절에 어떻게 작용하는지를 살펴보았다.

5장 '비만과 당뇨에서 심장병까지, 호르몬으로 치유하는 만성질환'에서는 당뇨병, 비만, 심혈관 질환, 간 질환 등에서 GLP-1 계열 약물이 어떻게 활용될 수 있는지를 다루었다. 6장 '끝없는 가능성의 세계, 슈퍼 호르몬이 이끄는 두뇌 혁명'에서는 신경 퇴행성 질환, 수면 장애, 중독 치료 등 장 호르몬의 효과가 기대되는 새로운 영역을 소개하였고, 7장 '호르몬의 위대한 여정, 노화까지 늦추는 만병통치약이 온다'에서는 최신 GLP-1 약제의 작용 기전과 개발 동향, 부작용 등을 요약하였다.

8장 '위장관 수술을 둘러싼 오해와 진실'에서는 장 호르몬과 비만 수술의 관계, 그리고 장기적인 효과를 분석하여 기술하였고, 9장 '일상에서 시작하는 호르몬 혁명'에서는 장 호르몬을 활용한 자연적인 체중 감량 방법을 제안하였다.

이 책은 체중 감량, 혈당 조절을 비롯한 건강한 삶을 고민하는 모든 독자를 위한 책이자 장 호르몬에 관련된 과학적 지식을 얻기 위한 분들을 위한 책이다. 우리 몸속에 꿈틀대는 신비로운 장의 세계와 황홀할 정도로 정교하며 복잡한 신진대사를 연결하는 안내서이다. 비만과 당뇨병으로 고민하는 분, 건강한 식습관과 생활 습관을 찾고자 하는 분, 미래 의학의 방향을 알고 싶은 모든 분에게 도움이 되도록 집필하였다.

장 호르몬의 경이로운 세계로 이끌어주신 캐나다 브리티시컬럼비아대학의 티모시 키퍼 (Timothy Kieffer) 교수에게 이 자리를 빌려 감사를 드린다. 그동안 수많은 실험과 논문 작성을 위해 밤을 새워 함께 연구한 제자들과 어려운 임상 연구에 참여해주신 자원자들에게 특별한 감사를 드리며, 책이 나오기까지 전문적인 지원을 아끼지 않은 출판사 직원 여러분께 감사의 말씀을 전한다. 끝으로 항상 든든한 응원이 되어주는 아내와 두 딸에게 진심으로 감사와 사랑의 마음을 전한다.

2025년 3월
서울대학교병원 시계탑에서
조영민

차례

1장   세계를 움직이는 슈퍼 호르몬의 등장

2장   호르몬 발견의 역사로 보는 질병 해방의 서막

6장 끝없는 가능성의 세계, 슈퍼 호르몬이 이끄는 두뇌 혁명

7장 호르몬의 위대한 여정, 노화까지 늦추는 만병통치약이 온다

1장

세계를 움직이는
슈퍼 호르몬의 등장

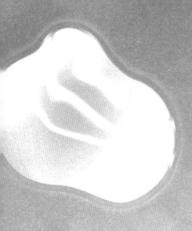

식물과 달리 동물은 자체적으로
에너지를 생산할 수 없다.
따라서 몸 바깥의 영양소를 섭취해야 한다.
이를 위해 위장관이 필요하다.
소화 흡수를 담당하는 기관인 것이다.
그러나 위장관은 호르몬을 분비하기도 한다.
그것도 매우 다양한 호르몬을 분비하여
우리 몸의 대사를 조절한다.

일론 머스크를 사로잡은 비만 치료제

테슬라의 최고경영자 일론 머스크의 팬인 에바 맥밀란 (Eva McMillan)은 2022년 10월 1일, 그가 추앙하는 세계 최고 부자 중 하나인 머스크에게 트위터(현 X)를 통해 질문을 던졌다.

"안녕하세요, 머스크 씨. 당신은 탄탄하고, 살이 빠진 것 같고, 건강해 보여요. 비결이 뭡니까? 웨이트 트레이닝을 하나요? 건강식을 하나요?"

머스크는 답변으로 단 두 단어를 남겼다.

"금식" 그리고 "위고비(Wegovy)"

머스크는 체중 감량 비결에 대한 팬들의 질문이 잇따르자, 2022년 11월 16일 다시 트윗을 남겼다.

"금식 + 오젬픽(Ozempic)/위고비 + 주변에 맛있는 음식을 두지 않는 것."

1억 8600만 명 이상의 팔로워를 가진 머스크의 트윗은 '오젬픽/위고비'에 대한 관심을 크게 불러일으켰다. 이어서 많은 유명인사가 자신들도 체중 조절을 위해 오젬픽과 위고비를 사용한다고 털어놓았다. 2023년 9월 10일 머스크는 X를 통해 한 번 더 트윗을 남겼다.

"마운자로(Mounjaro)와 오젬픽은 부작용이 없는 것은 아니지만 체중 조절 효과는 믿을 수 없을 만큼 좋다."

오젬픽, 위고비, 마운자로 등이 도대체 어떤 약이길래,

일론 머스크가 극찬을 아끼지 않았을까? 이 세 약제는 모두 글루카곤유사펩티드-1(glucaon-like peptide-1)이라는 장(腸) 호르몬에 기반을 두고 있으며, 줄여서 'GLP-1'이라고 부른다.

GLP-1은 우리 몸의 소장 상피세포 중 일부를 차지하는 위장관 내분비세포에서 분비되어 혈당, 식욕, 장 운동, 체중 조절 등 건강과 관련된 매우 중요한 일을 한다.

처음에는 당뇨병 약제로 개발되었으나 메스꺼움과 구토라는 부작용 때문에 다량으로 사용하지는 못했다. 그러나 용량을 조심스럽게 늘려본 결과, 다량을 사용해도 부작용이 더 증가하지는 않았으며 심지어 놀라운 수준의 체중 감량 효과가 나타났다.

최근 미국에서는 '오젬픽 얼굴(Ozempic face)'이라는 신조어가 통용되고 있다. 얼굴 살이 빠져 수척해 보일 때 쓰는 말로, 살이 빠져서 얼굴이 말라 보이면 '혹시 오젬픽을 맞고 있나?'라고 생각하는 모양이다. 그런데 중년 이후에 얼굴 살이 빠지면 주름이 뚜렷해져서 나이가 들어 보이기도 하는데, 이를 고민하는 사람도 많다. 그래서 '오젬픽 얼굴'로 인한 주름 개선 등의 치료 수요가 미국 내에서 증가하는 추세다.

다이어트를 해본 사람은 누구나 경험으로 알게 되듯, 5~10kg이나 그 이상 살을 빼는 일은 몹시 어렵다. 대개는 5kg 미만으로 살이 빠지고, 다이어트를 포기하면 다이어트 시작 전보다 오히려 체중이 더 늘어나는 '요요 현상'이 발생하기도 한다. 살 빼는 약을 어렵사리 처방받더라도 추가로 5kg이 빠지면 많이 빠진 편이다. 그리고 다이어트약의 부작용이 심하다는 정보 때문에 마음이 불편하여 오래 먹지 못하는 경우가 많다.

그러나 최근 개발된 위고비나 마운자로는 비만한 사람의 체중을 15~20%까지 감량해준다. 예를 들어 100kg의 체중을 가진 사람이 있다고 하자. 식이요법이나 운동요법으로 95kg까지 감량한 후 추가로 비만 치료제를 먹으면 90kg쯤이 된다. 그런데 위고비나 마운자로를 사용하게 되면 85kg 혹은 80kg까지도 체중을 줄일 수 있다. 만약 당뇨병이 있다면 혈당도 거의 정상화된다.

지금까지 어떠한 약제도 이 정도의 효과를 보여주지

못했다. 그렇기에 세간의 관심이 집중되는 것은 당연한 일이다. 자연스럽게 장 호르몬이 주목을 끌고 있는 이유이기도 하다.

최근 개발된 위고비나 마운자로는 비만한 사람의 체중을 15~20%까지 감량해준다. 예를 들어 100kg의 체중을 가진 사람이 위고비나 마운자로를 사용하게 되면 85kg 혹은 80kg까지도 체중을 줄일 수 있다. 지금까지 어떠한 약제도 이 정도의 효과를 보여주지 못했다.

호르몬 경제가 시장을 좌우한다

GLP-1 계열의 약물 오젬픽, 위고비, 마운자로는 모두 식욕을 억제하고 포만감을 증대시켜 체중을 조절한다. 이 주사를 맞으면 식사 때가 되어도 배고픔을 잘 느끼지 못한다. 배꼽시계가 멈추었는지 꼬르륵 소리도 잘 안 난다. 음식을 조금만 먹어도 배부른 느낌이 들어서 절로 수저를 놓게 된다. 음식 섭취가 줄어들 수밖에 없다.

이들 약물의 인기는 패스트푸드 업계에 상당한 영향을 미치고 있다. 실제로 2023년 펩시코, 코카콜라, 맥도날드, 월마트, 코스트코 등 식품 및 소매 주요 업체들의 주가가 하락했던 적이 있다. 그 원인은 GLP-1 약물의 확산으로 인한 음식 수요 감소 전망에 따른 것이었다. 2023년 10월 월마트의 CEO는 이미 "GLP-1 약물을 투여하는 고객들이 음식 구매를 줄이고 있다"고 언급하기도 했다. GLP-1 약물을 투여하는 사람들의 칼로리 섭취가 20~30% 감소하면서 패스트푸드 레스토랑 방문 횟수도 줄어들고 있는데, 이 같은 배경이 도미노피자와 같은 패스트푸드 업체들에 악영향을 미칠 수 있다는 뉴스 보도도 나왔다.

특히, 허쉬(Hershey)와 제너럴 밀스(General Mills) 같은 스낵 제조 업체들이 GLP-1 약물의 확산으로 매출 감소를 겪고 있다. 그중 '슈퍼 소비자(super consumers)'라고 하는 주요 고객층이 체중 감량 약물을 사용할 경우, 스낵 소비가 크게 줄어들 것이라는 우려가 있다. 예를 들어, 성인의 9%가 사탕 소비의 34%를 차지하는데, 이 중 3분의 1이 GLP-1 약물을 사용하게 되면, 해당 카테고리의 매출이 약 10% 감소할 수 있다는 계산이 나온다.

그렇다면 피트니스와 운동 브랜드는 어떨까? 패스트푸드 업계와 달리 전망이 밝다. GLP-1 약물을 사용하는 사람들이 체중을 감량하면서 운동과 건강한 라이프스타일에 대한 관심이 증가하고 있기 때문이다. 2023년 9월 마켓츠 인사이더(Markets Insider)는 나이키, 룰루레몬과 같은 피트니스 브랜드가 수혜를 입을 가능성이 크다고 전망했다.[1]

식이요법과 운동요법을 병행하여 체중을 감량하면 주로 체지방이 줄고 근육량이 늘어난다. 그런데 GLP-1 약물만으로 체중을 빼면 체지방도 줄어들지만 근육도 같이 줄어든다. 따라서 근육량 감소를 방지하기 위한 운동이 필요하기 때문에, 피트니스와 운동 브랜드들은 반사이익을 누릴 수 있다는 이야기다.

미래를 알고 싶다면 GLP-1에 주목하라

GLP-1 계열 약물의 성공으로 오젬픽과 위고비를 제조하는 노보 노디스크와 마운자로를 제조하는 일라이 릴리(Eli Lilly)의 주가는 급등했다. 이 두 회사는 미국과 유럽에서 최초로 인슐린을 생산했다는 공통점이 있다. 인슐린 역시 GLP-1과 같은 펩티드 호르몬이다. 두 회사는 서로 경쟁적으로 펩티드 호르몬 약물을 개발하고 혁신을 이어오다가, 그 노하우를 십분 활용하고 혁신적인 기술을 도입하여 GLP-1 시장에서도 강자가 되었다.

리서치 앤드 마켓츠(Research and Markets)는 2024년 1월, GLP-1 수용체 작용제 시장은 2023년에 약 13.1억 달러에서 2024년에는 13.74억 달러로 성장할 것으로 예상했다. 그리고 2028년까지 연평균 성장률(CAGR)이 5.2%를 기록할 것으로 내다보았다. 미국에서 한 달 동안 오젬픽/위고비를 복용할 때 약값은 1349달러(약 176만 원)로 매우 높다. 실제로 이 약제가 필요한 사람이 경제적인 이유로 약을 쓰지 못 하는 경우가 많은데 이것이 새로운 사회문제로 떠오르고 있다.

ETF(상장지수펀드, Exchange-Traded Fund)는 주식처럼 거래소에서 사고팔 수 있는 펀드로, 특정 지수, 상품, 채권 또는 다양한 자산들의 묶음을 추종한다. 이를 통해 투자자들은 개별 주식 대신 포트폴리오 전체에 투자하는 장점을 누릴 수 있다. 이 같은 ETF는 주식과 펀드의 장점을 결합한 금융상품으로, 최근 많은 투자자의 관심을 받고 있다. GLP-1 계열 약물이 워낙 잘 나가다 보니, 여러 회사에서 개발 경쟁을 벌이고 있다. 따라서 이들 회사에 개별적으로 투자하는 것보다, ETF를 통해서 묶음으로 투자하고자 하는 수요가 생겨났다.

실제로 'Roundhill GLP-1 & Weight Loss ETF(OZEM)'

라는 종목이 나왔다. OZEM은 세계 최초의 GLP-1 ETF로, 체중 감량 약물의 성공에 투자하는 금융상품이다. 이 ETF는 일라이 릴리, 노보 노디스크와 같은 주요 제약회사를 포함하여 GLP-1 약물의 제조, 공급 및 유통에 관여하는 다양한 회사들에 투자한다.

오젬픽, 위고비, 마운자로 등 GLP-1 계열 약제는 미국을 포함해 전 세계적으로 공급이 수요를 따라가지 못하고 있는 실정이다. 미국에서는 공급 부족으로 인해 GLP-1 계열 약제의 신규 처방을 잠시 중단했던 적이 있으며, 국내 수입 물량 또한 불확실한 상황이다.

중국에서는 이 약제들이 판매되고는 있지만, 구하기가 매우 힘들다. 중국에서 한 달분 오젬픽 약값은 139달러(약 20만 원)로 미국에서의 한 달 약값 1349달러(176만 원)과 비교하면 상당히 저렴한 편인 반면, 오젬픽의 중국 매출은 6억 9400만 달러(약 1조 원)로 전 세계 매출의 5%에 이른다고 한다. 이런 인기를 반영하듯 요즘 중국 제약 업계에서 오젬픽 바이오시밀러(복제약과 유사한 개념) 개발 열기가 뜨겁다. 중국에서 오젬픽의 유효성분인 세마글루타이드 특허가

2026년 만료되기 때문이다.

만일 중국에서 세마글루타이드 바이오시밀러가 만들어진다면 세계 최초의 세마글루타이드 바이오시밀러가 된다. 제조사 노보 노디스크는 이 문제를 놓고 중국 회사와 소송 중이다. 이러한 모든 일이 GLP-1 제제의 유망한 시장성을 시사하고 있다.

장에서 발견한 슈퍼 호르몬의 정체

위장관(胃腸管)은 신비롭다. 위장관은 우리가 입으로 먹은 음식을 물리적으로 잘게 분쇄하고, 화학적으로 소화하며, 최종적으로 영양소를 흡수하고 찌꺼기는 배출한다. 흡수된 영양소는 생화학적으로 대사되어 활동하는 데 필요한 에너지로 사용되고 우리 몸의 구성 성분을 만든다. 그리고 남은 에너지는 저장된다.

식물과 달리 동물은 자체적으로 에너지를 생산할 수 없다. 따라서 몸 바깥의 영양소를 섭취해야 한다. 이를 위해 위장관이 필요하다. 하등동물은 매우 단순한 위장관을 가진다. 히드라, 해파리 등은 입과 항문이 따로 없다. 입으로 먹어 소화시키고 입으로 뱉어낸다. 편형동물(플라나리아, 촌충 등) 수준이 되면 입과 항문이 따로 존재한다. 입으로 먹고 위장관에서 소화시키고 항문으로 배설한다. 고등동물로 올라가면서 점점 기능이 복잡해지는 위장관을 관찰할 수 있다.

위장, 소장, 대장이 리드미컬하게 움직이면서 소화 활동을 하는 것은 예술적이라 할 수 있다. 마치 기다란 뱀이 자유자재로 움직이듯이 정교하게 작동한다. 위장에서의 움직임은 큰 반죽 통처럼 보이는데, 음식물과 위산과 펩신을 섞고 이리저리 비벼서 음식물을 잘게 분쇄한다. 이 과정을 거쳐서 음식물은 죽 모양이 되는데, 이것을 조금씩 소장으로 내보낸다.

소장의 첫 부분은 손가락 너비로 12개 정도 길이이기 때문에 십이지장이라고 부른다. 십이지장에서는 췌장과 담도로부터 소화효소가 분비되며 위산을 중화하기 위한 알칼리가 나온다. 효소 작용에 의해 재빠르게 영양소의 최소 단위로 분해되고 빠른 속도로 흡수되기 시작한다. 십이지장 이후의 소장은 공장, 회장이라고 불리는데, 꿈틀꿈

틀하면서 소화되는 중의 음식물을 아래로 내려보낸다. 이 과정에서 '창자의 법칙'이 작동한다. 오로지 항문 쪽을 향해서만 움직이는 오묘한 운동을 말한다. 마치 우아한 군무를 보는 것과 같다.

소장에서 영양소 흡수를 마무리하면, 대장에 도달한다. 대장의 첫 부위는 맹장이다. 그 끝에 충수돌기가 있다. 대장에는 엄청난 양의 미생물이 산다. 이 장내 세균의 역할이 최근 세간의 주목을 끌고 있다. 프로바이오틱스, 프리바이오틱스, 신바이오틱스, 포스트바이오틱스 등 생소한 이름의 장내 세균 관련 제품이 출시되었다. 유익한 장내 세균은 나쁜 균이 몸속으로 침투하지 못하도록 장벽 역할을 하고, 소화되지 않은 음식물 찌꺼기를 분해하고, 비타민을 생산하는 등 다양한 역할을 한다. 장내 세균은 우리 몸의 신진대사에도 관여하며, 심지어 뇌 기능을 조절하여 기분까지 조절할 수 있다고 한다. 장내 세균과 관련된 질환은 매우 다양하다. 비만, 당뇨병, 동맥경화, 우울증, 종양 등 수많은 질병과 관련이 있다. 이것은 위장관의 또 다른 대서사시라고 할 수 있다.

그렇다면 장 호르몬은 무엇일까? 우선 호르몬이 무엇인지부터 알아보자. 가끔 "이게 다 호르몬 때문이야"라는 말을 들을 때가 있다. 사춘기 자녀가 골치를 썩일 때, 갱년기 주부가 이유 없이 기분이 나쁠 때 등이다. 우리가 이성적으로 납득할 수 없는 심리 변화가 일어나는 상황에서 호르몬을 자주 탓하게 된다. 호르몬을 탓하는 경우의 예를 더 들자면, 영화 〈죽은 시인의 사회〉에서 존 키팅 선생의 대사를 꼽고 싶다. 남자 고등학교의 졸업생들의 빛바랜 흑백사진을 가리키며 그는 이렇게 말한다. "그들은 너희와 크게 다르지 않다. 같은 머리 모양을 하고 있다. 너희처럼 호르몬으로 가득 차 있다. 너희가 느끼는 것처럼 무적이다. 세상은 그들의 것이다. 그들은 자신이 위대한 일을 할 운명이라고 믿는다, 너희 중 많은 이들처럼. 그들의 눈에는 희망이 가득하다, 너희처럼."

이 대사는 호르몬에도 고스란히 적용된다. 내분비내과 의사의 관점에서 그들이 천하무적이라고 생각하는 것, 위대한 일을 할 수 있을 거라고 생각하는 것, 희망으로 가득 찬 것, 모두가 다 넘치는 까닭은 바로 남성 호르몬 테스토스테론 때문이다.

10대 후반 남성의 혈중 테스토스테론 농도는 매우 높다. 그러나 양으로 보면 고작 300~1200ng/dL 수준이다. 혈당이 100mg/dL라고 하면 1데시리터(dL)에 100mg의 포도당이 있다는 뜻이다. 300~1200나노그램(ng)이라면 0.3~1.2마이크로그램 수준이다. 1마이크로그램은 1/1000 밀리그램이다. 50세가 넘은 남성의 경우는 혈중 테스토스테론이 190~740ng/dL 정도로 내려간다. 이와 함께 자신감도 줄어들며 의기소침해지는 경우가 많다.

젊은 남성의 경우 호르몬의 영향으로 별다른 운동을 하지 않아도 허벅지와 장딴지, 팔뚝이 우람하다. 50세 이상이 되면 매년 1%씩 근육량이 감소한다(물론 테스토스테론만으로 이 모든 현상을 설명할 수는 없다). 이렇게 적은 양의 화학물질이 신체 구성과 심리 상태를 좌지우지한다.

테스토스테론은 고환에서 만들어진다. 그러나 그 작용은 뇌, 근육, 뼈 등 전신의 장기에서 나타난다. 이처럼 호르몬은 내분비기관에서 만들어진 후 혈류를 타고 먼 곳에 있는 표적 장기로 이동하여 그 장기의 기능을 조절하는 물질을 말한다. 성 호르몬(테스토스테론, 에스트로겐), 갑상선 호르몬, 부신피질 호르몬 등이 모두 유사하다. 테스토스테론은 고환에서, 에스트로겐은 난소에서, 갑상선 호르몬은 갑상선에서, 부신피질 호르몬은 부신에서 만들어진다. 그러나 이처럼 분명히 구분되는 내분비기관이 아닌 장기에서도 호르몬이 만들어진다.

대표적인 것이 지방조직이다. 지방조직에서 만들어지는 호르몬인 렙틴은 식욕과 체중 조절에서 중추적인 역할을 한다. 근육에서도 호르몬 기능을 나타내는 물질들이 만들어져서 혈중으로 분비된다. 위장관도 소화 흡수를 담당하는 기관이지만, 호르몬을 분비한다. 그것도 매우 다양한 호르몬을 분비하여 우리 몸의 대사를 조절한다.

글루카곤유사펩티드-1(GLP-1), 포도당 의존 인슐린 분비 펩티드(glucose-dependent insulinotropic polypeptide, GIP), 콜레시스토키닌, 펩티드 YY(PYY), 그렐린(ghrelin), 세로토닌 등 셀 수 없이 많다. 이러한 장 호르몬들은 위장관에서 소화 흡수를 담당하는 기능이 더욱 조화롭게 이루어지도록 하고, 신체 각 장기와 신호를 주고받으면서 우리 몸의 신진

대사와 항상성을 조절한다. 이 같은 내용을 앞으로 세부
적으로 살펴보자.

2장

호르몬 발견의
역사로 보는
질병 해방의 서막

사람과 동물의 위장관에 질병을 치료할 수 있는
다양한 성분이 있을 것이라 판단한 학자들의
연구가 계속 전개되었고 인슐린이라는
호르몬을 발견하였다. 뒤이어 인크레틴
호르몬인 GIP와 GLP-1, 엑센딘-4 등을
발견하는 성과를 올렸다.

인슐린과 최초의 인크레틴 호르몬 GIP

의학이 발전해온 역사를 살펴보면 장기요법(臟器療法, organotherapy)이라는 것을 발견할 수 있다. 사람 혹은 동물의 장기에서 추출한 성분을 이용하여, 그 장기에 발생하는 병을 치료한다는 개념을 말한다. 예를 들어, 갑상선 기능이 떨어진 경우 갑상선을 갈아서 특정 성분을 추출해 투여한다는 식이다.

19세기 말, 프랑스의 생리학자 샤를 브라운세카르(Charles-Édouard Brown-Séquard)가 자신에게 동물의 정소 추출물을 주사함으로써 젊음을 되찾았다고 주장하면서 이 개념이 유명해졌다. 당시 브라운세카르는 매우 권위가 높은 학자였기 때문에, 동물 정소 추출물을 이용한 치료법이 유행을 타기도 했다.

많은 학자가 사람과 동물의 장에도 질병을 치료할 수 있는 다양한 성분이 있을 것으로 생각하고, 발굴 탐사에 나섰다. 1902년 베이리스(Bayliss)와 스탈링(Starling)은 장 점막에서 세크리틴(secretin)이라는 호르몬을 분리해내는 데 성공했다. 이 호르몬은 췌장액과 담즙 분비를 촉진하고 위산 분비를 억제하는 기능이 있다. 이후 과학자들은 위장관에서 분비되는 또 다른 호르몬을 찾기 위해 경쟁적으로 노력하였다. 이 중 가장 유명한 것이 인슐린이다.

인슐린은 췌장에서 마치 다도해의 섬처럼 넓게 분포하는 섬(췌도)에서 분비되는 호르몬으로 우리 몸의 혈당을 조절하는 데 중추적인 역할을 한다. 당시 당뇨병은 불치의 병이었다. 특히 어린이에게 발병하는 당뇨병 중 1형 당뇨병은 인슐린이 절대적으로 부족한 병으로서, 이 진단을 받는다는 것은 곧 죽음을 의미하였다. 그런데 췌장에서 혈당을 조절하는 물질이 분비된다는 증거들이 알려진 후, 학자들은 이 물질을 발견하기 위해 도전장을 던졌다.

마침내 1921년 캐나다의 프레더릭 밴팅(Frederick Banting)과 찰스 베스트(Charles Best)가 개의 췌장에서 인슐린을 분리해내는 데 성공했다. 이듬해인 1922년 소아 1형 당뇨병 환자에게 인슐린을 투여하여 생명을 살릴 수 있음을 밝혔다. 이들은 이러한 공로로 1923년 노벨 생리의학상을 받았다.

1930년대에는 위장관에 수많은 호르몬이 있을 것이라는 가설 하에 두 가지 집중 발굴 목표가 생겼다. 위산 분비억제 물질(엔테로가스트론, enterogastrone)과 인슐린 분비를 촉진하는 물질(인크레틴, incretin)이었다. 우리가 음식을 먹으면 위장에서 잘게 갈아서 십이지장으로 내려보내 소화 흡수가 일어나도록 한다. 이 단계쯤 되면 이제 위산 분비는 억제되고, 혈당 조절을 위해 인슐린 분비는 촉진된다. 그러나 기술적인 한계로 인하여 특별한 진척이 없이 세월만 하염없이 흘렀다.

그러던 중 1970년대에 획기적인 연구 결과가 나오면서 장 호르몬 연구에 일대 전환점을 맞았다. 주인공은 존 브라운(John C. Brown) 교수이다. 브라운 교수는 영국 더럼

(Durham)주의 크룩(Crook)에서 탄광 노동자의 아들로 태어났다. 1961년 킹스칼리지, 더럼대학교에서 학사 학위를 받고, 1964년 뉴캐슬어폰타인(Newcastle-upon-Tyne)대학교에서 위장관 생리학 박사 학위를 취득했다. 이후 미국으로 건너와 1964년 시애틀의 워싱턴대학교에서 약리학과의 도널 매기(Donal Magee) 박사와 함께 위장관 운동에 대한 연구를 활발히 했다. 브라운은 시애틀에서 단 1년만 머물렀지만, 이는 그의 경력에 큰 영향을 미쳤다.

매기 박사의 실험실에서 브라운 교수는 위장관 여러 부위의 생리학적 활동을 동시에 조사할 수 있는 동물 모델을 개발했다. 이후 그는 위장의 운동을 조절하는 장 호르몬을 찾기로 결심했다. 이후 브라운 교수는 캐나다 밴쿠버의 브리티시컬럼비아대학으로 옮겨 관련 연구를 계속 진행하였다. 그의 실험실에 합류한 첫 번째 대학원생 레이먼드 피더슨(Raymond Pederson)과 함께 돼지의 십이지장 추출물의 겔 크로마토그래피(gel chromatography) 분획물 중에 개의 위산 분비를 억제하는 물질이 있음을 드디어 밝혀내었다. 브라운 교수는 1969~1970년에 스웨덴 카롤린스카대학에서 안식년을 보내면서 이 물질의 특성을 규명하고, 위억제 폴리펩티드(gastric inhibitory polypeptide, GIP)라는 이름을 붙였다. 그리고 1971년에는 GIP의 아미노산 서열을 밝혀내는 데도 성공했다.

그런데 불행하게도, GIP가 생리적인 농도에서는 위산 분비를 억제하지 못한다는 사실을 알게 되었다. 위산 분비 억제제를 만들면 위산 분비가 과다하여 생기는 여러 질병을 치료할 수 있을 것으로 생각했는데, 뜻대로 잘 풀리지 않은 것이다. 엉뚱하게도 당시 몬트리올의 맥길대학교 임상교수였던 존 뒤프레(John Dupre) 박사는 GIP가 사람에서 인슐린 분비를 강력히 촉진시키는 호르몬임을 관찰하게 된다.

존 브라운과 레이먼드 피더슨은 포도당 혹은 지방 섭취 후에 GIP의 혈중 농도가 급격히 증가하며, 식후 혈당이 높이 올라갈 때 GIP가 인슐린 분비를 강력하게 촉진한다는 사실을 증명하였다. 이 특성을 바탕으로 '포도당 의존성 인슐린 자극 폴리펩티드(glucose-dependent insulinotropic polypeptide)'라는 이름을 지었는데, 마침 처음 붙였던 이름인 위 억제 폴리펩티드(gastric inhibitory polypeptide)와 'GIP'라는 영어 약자가 똑같았다. 이것이야말로 그동안 수많은 과학자가 찾으려고 애쓰던 인크레틴 호르몬(장에서 분비되어 인슐린 분비를 촉진하는 호르몬)이었다. 그런데 당시에는 어느 누구도 GIP가 최근 일라이 릴리에서 내놓은 마운자로 혹은 젭바운드(Zepbound)로 개발될 것이라고는 예측하지 못했을 것이다.

존 브라운 교수는 2016년 10월 15일 브리티시 컬럼비아 나나이모의 자택에서 77세의 나이로 세상을 떠났다. 브라운 교수는 모틸린(motilin)이라는 위장 운동 조절인자를 발견한 것으로도 유명하다. 그는 쿼드라 로직 테크놀로지스(Quadra Logic Technologies Ltd.)와 같은 여러 바이오텍 회사를 공동 설립하여 과학적 지식을 산업에 적용하는 데도 큰 기여를 했다.

우연히 발견한 수수께끼의 호르몬, GLP-1

인크레틴 호르몬의 개념을 정립하며 이 분야를 이끌던 독일 괴팅겐의 크로이츠펠트(W. Creutzfeldt) 교수는 1983년 쥐의 장 추출물에서 GIP를 면역흡착법으로 제거한 후에도 여전히 고혈당 상태에서 인슐린 분비를 촉진하는 인크레틴 활성이 유지된다는 사실을 알아냈다. 이 발견은 GIP 외에도 다른 인크레틴 호르몬이 존재함을 시사해준다.

마침 같은 해에 미국 시카고대학의 그레임 벨(Graeme Bell) 교수는 인슐린과 반대 작용을 하는 글루카곤(glucagon, 인슐린과 정반대로 혈당을 상승시키는 호르몬)의 유전자를 클로닝하는 데 성공했다. 클로닝(cloning)은 특정 DNA 조각을 분리해 벡터(vector)라고 하는 플라스미드 혹은 바이러스 같은 작고 간단한 유전요소로 옮긴 후 이를 살아 있는 생명체에 다시 도입하여 특정 유전자를 순수한 형태로 분리하거나 다양하게 이용을 하는 유전공학 기술이다. 햄스터와 사람에서 글루카곤을 코딩하는 유전자를 시퀀싱하는 데 성공해 이 내용을 담은 논문을 과학 학술지 《사이언스》에 기고하였다.

유전자 구조를 살펴보니 글루카곤은 프로글루카곤(proglucagon)이라는 기다란 펩티드로 만들어진 후 조각조각 나누어지면서 글루카곤을 만들도록 되어 있었다. 그런데 놀랍게도 프로글루카곤 유전자 속에서 글루카곤과 매우 유사한 또 다른 유전자가 2개 발견되었다. 벨 교수는 이들을 '글루카곤 유사 펩티드-1(glucagon-like peptide-1, GLP-1)'와 '글루카곤 유사 펩티드-2(glucagon-like peptide-2, GLP-2)'라고 명명하였다. 호박이 넝쿨째 굴러들어온 셈이었지만, 당시에는 GLP-1과 GLP-2가 어떤 역할을 하는지는 구체적으로 알지 못했다.

1984년 영국 런던 왕립대학원 의과대학에 재직 중이

던 스티븐 블룸(Stephen Bloom) 교수팀은 GLP-1의 역할에 대한 실험 결과를 발표하였다. 논문의 제목은 「글루카곤 유사 펩티드-1, 글루카곤과 얼마나 유사한가(How glucagon-like is glucagon-like peptide-1)?」이었지만, 그 뉘앙스는 "글루카곤 유사 펩티드-1, 글루카곤과 유사하기는 뭐가 유사해?"와 같이 비꼬는 느낌이었다.

애초에 블룸 교수는 GLP-1은 글루카곤과 구조적으로 유사하기 때문에 혈당을 올린다든지 포도당 대사에 영향을 줄 것으로 예상하였다. 연구진은 GLP-1을 구성하는 37개의 아미노산으로 된 완전체 펩티드 GLP-1(1-37)이 혈당과 인슐린 농도에 미치는 영향을 토끼 모델에서 살펴보았다. 토끼를 4개의 그룹으로 나누어 각각 GLP-1(400μg, 100μg) 또는 글루카곤(24μg, 6μg)을 주사로 투여하였다. 글루카곤은 예상대로 혈당과 인슐린 농도를 유의미하게 증가시켰으나, 실망스럽게도 GLP-1은 두 가지 용량 모두에서 혈당에 아무런 영향을 미치지 않았다. 덩굴째 딸려온 GLP-1의 생리적 역할이 미궁 속으로 빠져든 것이다. 이후 영국 런던 임페리얼 칼리지로 옮겨 호르몬 관련 연구로 수

많은 업적을 남긴 블룸 교수도 당시에는 GLP-1이 지금처럼 블록버스터 약품이 되리라고는 꿈에도 생각하지 못했을 것이다.

여러 연구자의 실험에 의해
블록버스터 약제 GLP-1의 가능성이
세상에 처음 드러난 순간이었다.
이어서 GLP-1의 기능이 샅샅이 밝혀졌다.
그들의 공로로 GLP-1이 당뇨병,
비만을 비롯한 다양한 대사질환 치료제로
자리매김하게 되었다.

기적의 비만약 위고비를 탄생시킨
여성 과학자

GLP-1 기능의 수수께끼가 풀리기까지는 그리 오래 걸리지 않았다. 1985년 독일 괴팅겐대학에서 문제 해결의 실마리를 제시했기 때문이다. 인크레틴 호르몬의 개념을 수립하는 데 크게 기여한 크로이츠펠트 교수 연구팀의 슈미트(W. E. Schmidt) 박사는 37개의 아미노산으로 이루어진 GLP-1의 마지막 아미노산이 없는 상태로 아마이드(amide)를 첨가해 만든 합성 펩티드를 위스타(Wistar) 종의 수컷 쥐로부터 분리한 췌도(이자섬)를 처리했다. 그러자 포도당을 추가한 환경에서 인슐린 분비가 약 두 배 증가한 것이다. GLP-2에 대해서도 같은 실험을 하였으나 인슐린 분비를 올리지는 못한다는 사실을 알게 되었다(GLP-2는 장 상피세포가 자라는 데 중요한 역할을 한다는 사실이 나중에 밝혀졌다. 현재는 장 손상이 심해 장이 매우 짧아서 소화 흡수에 문제가 생기는 단장 증후군 치료제로 승인되었다).

연구진은 GLP-1의 효과는 글루카곤 및 GIP(위 억제 폴리펩티드)와 유사하여, 혈당 조절에 중요한 역할을 할 수 있음을 시사한다는 결론으로 논문을 발표했다. 그러나 글루카곤처럼 혈당을 높이는 작용을 하는지, 아니면 분비된 인슐린을 통해 혈당을 낮추는 작용을 하는지에 대해서는 밝히지 못했다.

사실 크로이츠펠트 교수와 슈미트 박사는 GLP-1의 아미노산 서열과 글루카곤의 아미노산 서열을 자세히 비교했었다. 두 호르몬의 아미노산 서열이 매우 유사해 GLP-1을 구성하는 아미노산의 첫 6개를 없애면 두 호르몬이 더욱 유사한 구조를 가진다는 것을 알게 되었다. 앞서 설명한 연구 논문에 도표로 이런 생각을 나타냈지만, 그 당시에는 온전한 형태의 GLP-1의 작용에 대해서만 생각했던 것 같다. 앞부분 6개의 아미노산이 떨어져 나갈 수 있다는 발상은 하지 못했던 모양이다.

이즈음 미국 보스턴의 하버드 의과대학의 수련병원인 매사추세츠 종합병원에서 일하던 조엘 하베너(Joel Habener) 교수와 스베트라나 모이소프(Svetlana Mojsov) 박사는 37개의 아미노산으로 구성된 GLP-1 앞부분 6개의 아미노산이 잘려나간 GLP-1(7-37)에 주목하였다. 실제로 췌장과 장에 GLP-1(7-37)이 존재한다는 사실에 이들은 더욱 자극을 받았고, 1987년 모이소프 박사는 GLP-1(7-37)을 합성하는 데 성공하였다.

쥐의 췌장으로 포도당과 GLP-1(7-37)을 관류한 후 인슐린 분비량을 측정한 모이소프 박사는 그 결과에 입을 다물지 못했다. 괴팅겐대학에서 두 배 정도 인슐린 분비가 증가하는 것을 관찰한 수준을 훨씬 뛰어넘어, 20배 이상 증가했기 때문이다.

이후 여러 연구자의 실험에 의해 GLP-1(7-37)이 혈당이 높은 경우에 인슐린 분비를 촉진시키는 또 하나의 인크레틴 호르몬이라는 사실이 증명되었다. 블록버스터 약제 GLP-1의 가능성이 세상에 처음 드러난 순간이었다. 하베너 교수 실험실에서 수련한 대니얼 드러커(Daniel Drucker) 교수(지금은 토론토대학에서 일하고 있다)와 덴마크 코펜하겐대학의 옌스 홀스트(Jens Holst) 교수 등에 의해서 GLP-1의 기능이 샅샅이 밝혀졌다. 그들의 공로로 GLP-1이 당뇨병, 비만을 비롯한 다양한 대사질환 치료제로 자리매김하게 되었다.

2023년 9월 저명한 과학 학술지 《사이언스》는 스베틀라나 모이소프 박사에 대해 재조명하는 기사를 실었다. 제목은 「Sidelined」, 즉 '제외되다'는 뜻이다. 이 기사를 인용한 《조선일보》는 「기적의 비만약 '위고비'를 탄생시킨 여성 과학자는 왜 분노하나」라는 제목으로 모이소프 박사의 이야기를 소개했다.[2]

2021년 봄, 캐나다 게어드너 국제상은 신약 후보 물질을 개발하는 데 기여한 세 명의 과학자 조엘 하베너 박사, 대니얼 드러커 교수, 옌스 홀스트 교수에게 수여되었다. 전 세계가 이들의 수상을 축하하는 와중에 분노한 사람이 있었으니, 바로 여성 화학자 스베트라나 모이소프 교수였다. 모이소프 박사는 유고슬라비아(현 세르비아) 베오그라드에서 태어나 베오그라드대학교에서 화학 학사 학위를 받은 뒤, 1972년에 미국으로 건너가 록펠러대학교 대학원에 진학했다. 그곳에서 그녀는 노벨상 수상자이자 단백질 합성의 권위자인 브루스 메리필드의 연구실에서 연구를 시작했는데, 모이소프 박사는 췌장에서 분비되는 글루카곤의 합성 연구에 집중했다.

1980년대에 모이소프 박사는 매사추세츠 종합병원의 펩타이드 합성 시설 책임자가 되어, GLP-1의 합성에 성공했다. 이 과정에서 그녀는 조엘 하베너 교수와 대니얼 드러커 박사와 함께 연구했으며, GLP-1이 인슐린 분비를 유발한다는 것을 입증하는, 앞서 설명했던 논문의 제1저자로 등재되었다. 이 논문은 GLP-1의 중요성을 과학계에 널리 알리는 첫 논문이었다.

사건의 발단은 여기서 시작된다. 모이소프 박사는 결혼과 출산 후 일과 가족생활의 균형을 위해 단독으로 연구실을 차리는 대신 록펠러대학교의 실험실로 자리를 옮겨 연구 활동을 계속하게 된다. 반면, 동료인 하베너 교수와 드러커 박사는 자신의 연구실을 차리고 큰 연구비 지원을 받으며 성공적인 경력을 쌓게 된 것이다. 모이소프 박사는 GLP-1 특허 출원에서 소외되었고, 나중에 이 사실을 알고 자신을 포함시키도록 요청했다.

하베너 교수는 GLP-1의 특허를 출원하였고 원천 특허 4건을 노보 노디스크에 판매하며 막대한 로열티를 받았지만, 모이소프 박사는 이를 전혀 알지 못했다. 나중에 소송을 통해 특허 권리를 인정받았으나, 이미 늦은 시점이었고, GLP-1 제제로서 2형 당뇨병 치료제로 개발된 리라글루티드(빅토자, Victoza)가 출시된 뒤 1년간 로열티를 받는 데 그쳤다고 한다.

하버드에서 계속 연구 활동을 해온 하베너 교수와 캐나다 토론토대학의 드러커 교수는 모이소프 박사의 공로를 거의 언급하지 않았고, 이는 그녀의 업적이 과학계에서 인정받지 못하게 만든 주요 원인이 되었던 것 같다. 《사이언스》는 "하베너와 드러커 등 동료들이 모이소프를 언급하지 않은 것이 문제를 키웠다"고 지적했는데, 당시 여성 과학자 모이소프 박사의 역할을 단순한 기술 제공으로 폄하해버린 것으로 보인다.

엑센딘-4의 발견은 매우 중요한 의미가 있다.
GLP-1과는 달리 혈액 내에서
안정적이기 때문이다.
아메리카 독도마뱀으로부터 추출한
엑센딘-4는 대량으로 합성하여
약으로 만들어졌다.

독도마뱀에서 식욕 억제의 실마리를 풀다

북아메리카에 서식하는 독이 있는 도마뱀인 아메리카 독도마뱀(Heloderma suspectum)은 별명이 힐라 몬스터(Gila monster)로 몸길이는 60cm, 몸무게가 2.3kg 정도 되며 수명은 대략 20년이다. 검은색과 주황색의 얼룩덜룩한 피부를 가진 생김새가 척 봐도 괴물처럼 보인다. 살아 있는 동물을 사냥할 때 동물을 마비시키거나 자신을 보호하는 목적으로 독을 이용하고, 일생의 대부분을 땅속 굴이나 바위틈에서 보낸다.

아메리카 독도마뱀들은 일반적으로 독립적인 생활을 하지만, 공동 지역에 모여서 쉼터를 공유하기도 한다. 이들은 시력이 좋지 않지만, 엄청나게 예리한 후각을 사용하여 먹이를 찾는다. 특히 알을 찾는 데 탁월한 후각을 가지고 있어서, 15cm 깊이에 달걀을 묻어 두어도 찾아낼 수 있으며, 알을 멀리 굴려서 떨어뜨려 두면 굴러간 알이 남긴 궤적을 정확히 따라갈 수 있을 정도이다. 겨울 동안에는 안식처인 굴에서 봄이 올 때까지 휴면 상태에 들어간다. 먹이를 먹을 때는 자기 체중의 3분의 1에 해당하는 양을 먹어치우는 대식가의 면목을 보여준다.

이 아메리카 독도마뱀의 사촌뻘이라고 할 수 있는 멕시코 독도마뱀(Heloderma horridum)의 독 성분 중 췌장에서 소화효소를 분비시키는 기능이 있는 성분을 분리하는 데 성공했다. 1990년 미국 뉴욕 브롱크스의 재향군인병원에서 연구 활동에 전념하던 존 엥(John Eng) 박사가 그 주인공으로, 그는 이 새로운 성분의 이름을 '엑센딘-3(exendin-3)'라고 붙였다.

1992년에는 힐라 몬스터의 독에서 엑센딘-3과 유사한 성분에 대해 집중 연구를 한 결과, '엑센딘-4(exendin-4)'를 발견하였다. 그러나 엑센딘-4는 엑센딘-3과 달리 췌장의 소화효소 분비 기능은 없는 것으로 확인하였다.

존 엥 박사는 논문을 작성하면서 엑센딘-4와 유사한 아미노산 서열을 지닌 다른 물질들을 찾아 비교하였다. 엑센딘-4는 39개의 아미노산으로 구성되는데, 37개의 아미노산으로 이루어진 GLP-1과 매우 유사하다는 사실을 발견했다. 구체적인 수치를 보면 아미노산이 53% 일치하고, 추후 연구를 통해서 GLP-1이 작용하는 수용체에 달라붙는 기능은 유지되어 기능적으로는 거의 동일한 것으로 확인되었다.

엑센딘-4의 발견은 중요한 의미가 있다. 이 물질은 GLP-1과는 달리 혈액 내에서 매우 안정적이기 때문이다. GLP-1을 정맥으로 주사하면 수 분 내에 다 분해되어 불활성화된다. 이는 또 다른 인크레틴 호르몬 GIP도 마찬가지이다. 그래서 아무리 인슐린 분비 작용이 뛰어나더라도, 약으로 사용하는 데는 한계가 있었다. 이에 대해 해결책을 고심하던 중 캐나다 밴쿠버의 브리티시컬럼비아대학의 티머시 키퍼 교수가 대학원생 시절에 DPP-4라고 하는 효소가 GLP-1과 GIP를 분해시킨다는 것을 알아내었다.

키퍼 교수는 해당 연구로 1994년 박사 학위를 받았고, 이 연구는 GIP를 발견한 레이먼드 피더슨이 지도하였다. 1995년 정식으로 학술지에 게재되었으며, DPP-4의 상업적 활용 가능성에 대해서 특허를 등록하였다.

2006년에 승인된 당뇨병 치료 블록버스터 약물 자누비아(Januvia)[성분명: sitagliptin]는 바로 이 DPP-4 효소를 억제하는 약이다. 이후에 가브스(Galvus)[성분명: vildagliptin] 등이 연이어 승인받았고, 국내에서도 LG생명과학에서 제미글로(Zemiglo)[성분명: gemigliptin], 동아제약에서 슈가논(Suganon)[성분명: evogliptin]을 자체 개발 및 생산해 널리 처방하고 있다. 그러나 이들 DPP-4 억제제는 우리 몸에서 분비된 인크레틴 호르몬(GLP-1 및 GIP)의 분해를 억제하기 때문에, 식욕을 억제하는 수준까지의 혈중 농도를 얻을 수는 없다는 단점이 있다(혈당 강하 작용은 우수하다). 엑센딘-4의 발견이 중요한 이유가 여기에 있다. 엑센딘-4는 GLP-1과 달리 DPP-4에 의해 분해되지 않는다. 체내 반감기(물질의 양이 절반으로 줄어드는 데 걸리는 시간)가 3시간을 조금 넘기 때문에 약제로 사용하는 데 큰 무리가 없기 때문이다.

아메리카 독도마뱀으로부터 추출한 엑센딘-4는 대량으로 합성하여 약으로 만들어졌다. 약제 성분명은 엑세나타이드(exenatide)이고 상품명은 바이에타(Byetta)였으며, 2005년 미국식품의약국(FDA)의 승인을 받아 2형 당뇨병 치료제로 사용되었다. 애초 아밀린 제약회사(Amylin Pharmaceuticals)에서 개발했으나 일라이 릴리와 협업하여 판매하였고, 2011년 일라이 릴리로 판권이 완전히 넘어갔다.

한 가지 신기한 점은 '아메리카 독도마뱀이 왜 엑센딘-4를 가지고 있는가'이다. 아메리카 독도마뱀도 장에서 GLP-1을 분비한다. 그런데 희한하게 비슷한 기능을 가진 호르몬을 하나 더 가지고 있는데, 엑센딘-4는 아메리카 독도마뱀이 먹이를 잡아서 이빨로 씹는 과정에서 타액으로 분비된다. 그리고 이때 혈액을 동시에 뽑아보면 혈중에서도 엑센딘-4 농도가 올라가는 것으로 알려져 있다.

이 동물의 습성상 한 번 먹이를 먹고 나면 꼼짝도 않고 몇 주 혹은 몇 달을 지내다가 또 나와서 먹이 사냥을 한다. 따라서 평상시에는 혈당을 낮추는 인슐린을 생산할 필요가 거의 없을 것이다. 그렇다면 인슐린을 생산하는 췌장 소도의 베타세포는 특별히 할 일 없이 잠을 자는 게 된다. 그런 와중에 갑자기 대량의 먹이를 섭취하면, 잠자고 있는 베타세포를 깨워야 할 텐데, 장에서 분비되는 GLP-1 단독으로는 이러한 역할을 충분히 하지 못할 가능성이 있는 것이다. 따라서 으적으적 먹이를 씹는 순간에 타액선에서 분비되는 엑센딘-4가 미리 이동해 아직 잠에서 덜 깬 베타세포를 자극하여 깨우는 것이 아닌가 짐작된다.

3장

내 안의 작은 우주, 위장관이 몸과 마음을 되살리는 법

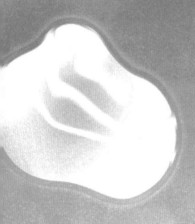

장은 단순히 소화 흡수만을 위한 기관이
아니다. 전신의 신진대사 조절을 위해 뇌로
신호를 보내는 작용을 하며 영양소 대사와
에너지 섭취 조절에서 핵심 역할을 담당한다.
또한 장이 뇌에 영향을 미치며 신체와
정신 건강을 좌우한다는 연구 결과도 있다.

몸의 기능을 최적화하는 장-뇌 축의 비밀

흔히 장의 모양을 뱀과 비교하곤 한다. 구불구불한 모양과 소장 6m, 대장 1.5m에 달하는 기다란 길이가 비슷하기 때문이다. 우리의 장이 음식을 소화하고 흡수하면서 음식물을 아래로 내려보내는 운동 역시 뱀의 움직임처럼 리드미컬하고 오묘하다. 전공의 시절, 내시경실에 본 장의 움직임은 너무나 부드럽고 역동적인 모습이어서 아직도 감탄을 자아낸다.

장은 중추신경으로부터 나온 자율신경의 지배를 받는다. 자율신경은 장이 움직이고 제대로 기능하도록 조절해 준다. 또 장의 현재 상태와 문제점을 파악해 신속히 중추신경으로 신호를 보내주는 역할을 한다. 이처럼 장은 중앙의 통제를 받음과 동시에 자치 시스템도 구축하고 있다.

장에는 중추신경과는 별도로 장의 운동을 조절하는 신경조직이 있는데, 장의 고유한 신경들로는 근층 신경총(myenteric plexus 또는 Auerbach's plexus), 점막하 신경총(submucosal plexus 또는 Meissner's plexus), 카할의 간질세포(interstitial cells of Cajal) 등이 있다. 이 신경들이 바로 자치 시스템을 담당한다. 전문가들은 이를 제2의 뇌(the second brain)라고 부르기도 한다.

장은 중앙과 자치 시스템의 유기적인 협력에 의해 섭취한 음식물로부터 최대한의 에너지를 뽑아내고 이를 안전하게 배설하도록 돕는다. 그렇다면 장은 단순히 소화 흡수만을 위한 기관일까?

식물과 달리 인간을 포함한 모든 동물은 자체적으로 에너지를 생산할 수 없다. 따라서 생명을 유지하기 위해서는 끊임없이 외부로부터 에너지를 섭취해야 한다. 동물의 에너지 소비 역시 에너지를 섭취하기 위한 목적으로 대부분 사용된다. 따라서 우리 몸은 배고픔과 식욕이라는 기능을 갖추고 있는데, 이는 생존을 위한 가장 필수적인 기능이다. 배가 고프면 꼬르륵 소리가 나고 속이 쓰리기도 하는 등 여러 신호를 발생시킨다. 곧 뇌를 향해 '음식을 섭취하라'고 소리 지르는 모양새다. 위장에서는 그렐린이라는 호르몬을 내보내어 식욕을 증대시킨다. 이렇게 다양한 메커니즘을 통해 우리 몸은 끊임없이 에너지를 섭취하도록 기본값을 설정하고 있다.

그러나 무한정으로 많은 에너지를 섭취하는 것은 불가능한 일이고 외부에서 섭취한 에너지를 소화하고 저장시키는 일에도 한계가 있다. 그래서 생리적인 되먹임 기능도 갖추고 있는데, 이것을 바로 '포만감'이라고 한다. 포만감은 단순히 위장이 팽창되는 것으로 만들어지지 않는다. 다양한 말초조직의 신호가 뇌에 도달하여 만들어지며, 특히 장으로부터 뇌로 전달되는 신호는 에너지 대사에 중추적인 기능을 한다.

에너지를 섭취하는 과정에서 포만감을 가져오는 가장 대표적인 신호는 위장관 호르몬에 의해 만들어진다. 십이지장부터 회장 말단에 이르기까지 장 상피에는 다양한 종류의 내분비세포가 존재하는데, 위장관 내 내용물의 흡수 정도에 따라서 구역별로 독특한 호르몬을 분비한다. 이로 인해 우리 몸의 에너지 대사 항상성을 유지하게 되는 것으로, 이때 포만감을 보내는 대표적인 신호는 GLP-1, PYY 와 같은 호르몬이다.

1.3~1.4kg에 달하는 인간의 뇌는 전적으로 포도당을 에너지원으로 사용하기 때문에 일정한 수준의 혈당을 유지하는 것은 매우 중요하다. 장에서 온 신호가 뇌에 전달되어 전신의 신진대사 조절을 조화롭게 돕는 것은 진화론 관점에서 합목적적이다. 장 호르몬 중 GLP-1, GIP가 혈당 조절의 항상성을 유지하는 데 핵심 역할을 하는 것은 어찌 보면 당연한 기능으로 볼 수 있다. 그렇기에 체중 및 대사 조절에서 장과 뇌의 신호 전달은 필수적이다. 이처럼 두 기관이 서로 신호를 주고받으며 우리 몸의 기능을 최적화시키는 것을 '장-뇌 축(gut-brain axis)'이라고 부른다. 영양소 대사와 에너지 섭취 조절에서 핵심 역할을 담당하는 것이다.

뇌와 장이 긴밀한 관계에 있기 때문에, 장의 이상이 뇌의 이상을 만들기도 하고 뇌의 이상이 장의 이상을 만들기도 한다. 스트레스를 받으면 식욕이 없고, 소화가 안 되고, 배가 아프고, 설사나 변비가 생기기도 한다. 배가 아파본 사람은 도통 제대로 집중하기 어려움을 경험해본 적이 있을 것이다.

우리가 흔히 쉽게 들어봄직한 속담이나 전통 가요, 관용어 등에도 장과 뇌의 관계성에 대해 묘사하는 경우가 많다. "사촌이 땅을 사면 배가 아프다"는 속담에서 '배가 아프다'는 말은 질투나 시기심을 느낄 때 신체적으로 불편함을 비유적으로 표현한 것이다. 우리 민족만 이런 느낌을 가졌을까? 일본에서도 '腹が立つ(hara ga tatsu)'라는 표현이 있는데, 직역하면 '배가 서다'라는 의미다. 화가 나거나 불쾌할 때 사용하는 말이라고 하는데, 스페인과 아랍에서도 유사한 표현을 쓴다고 한다.

또 "배짱이 좋다"는 표현을 들어봤을 것이다. 이 단어의 유래가 배와 관련이 있는지는 정확히 알려지지 않았지만 배와 연관이 있다고 직관적으로 느껴진다. "그는 배짱이 두둑해"라는 표현이 영어로는 "He has the guts"이다.

gut은 장을 뜻한다. 어쩐지 일맥상통한다고 생각되지 않는가? 심지어 "내 육감으로는 그게 맞는 것 같아"를 영어로 옮기면 "My gut (feeling) tells me that's right"이다. 이처럼 사람들은 오래전부터 장과 뇌의 관계에 대해 본능적으로 인지하고 있었던 것 같다.

"애(장)를 끊는다"와 같이 창자가 끊어지는 고통과 비슷한 한을 표현하기도 하고, "애간장을 태운다"와 같이 근심에 싸인 초조한 마음을 빗대는 경우가 많다. 이는 서양의 문화권에서도 그렇다. 이를테면 영어에는 'gut-wrenching'이라는 표현이 있는데, 장을 비틀어대는 것과 같은 고통을 말한다. 감정이 내장과 연결되어 있다는 것은 동서양 모두 공통적으로 느껴온 것으로 여겨진다.

마지막으로 과민성 대장증후군이라는 진단명을 많이 들어보았을 것이다. 특별한 기질적 원인이 없는데도 설사, 변비, 복통 등의 증상이 오래 지속되는 것을 말한다. 기질적 이상이 없다는 것은 내시경이나 초음파 CT 등 모든 검사를 다 해봐도 장에는 특이사항이 없다는 뜻이다. 이러한 과민성 대장증후군 환자들을 살펴보았더니 불안 지수와 우울 지수가 높다는 연구 결과가 있다. 이는 장이 거꾸로 뇌에 영향을 미치고 있다는 것으로, 장-뇌 축이 신진대사 외에도 우리 몸을 여러모로 지배하고 있다고 할 수 있는 근거가 된다.

건강을 결정하는 메커니즘 1: 호르몬

장이 우리 몸의 건강을 결정하는 방식은 매우 복잡하고 유기적이다. 우선 장은 본연의 임무인 소화 흡수를 잘 시켜야 한다. 이것이 가장 기본적인 역할이고, 생명 유지에 필수불가결한 임무이다. 이러한 장의 필수 기능이 우리 몸의 건강과 잘 연결되기 위해서는 다양한 호르몬, 다양한 장 속의 신경, 그리고 우리 몸속의 엄청난 규모의 생태계를 이루는 장내 세균의 메커니즘이 요구된다. 각각에 대해서 간략히 알아보자.

장에는 수많은 호르몬이 분비되어 우리 몸의 신진대사와 소화 기능을 조율한다. 이런 호르몬은 종류도 많고 이름도 매우 생소하다. 다음 도표에 위장관에서 분비되는 대표적인 호르몬들을 정리해두었으니 살펴보자.

공복 상태에서 위는 꼬르륵 소리를 내면서 뇌를 향해

위장관 호르몬의 기능 요약[3]

호르몬 이름	분비세포	호르몬 수용체	식욕	체중	기타 효과
펩티드 YY(PYY)	소장 L-세포	Y2-R	↓	↓	↓ 위산 분비, 위 배출 ↓ 췌장과 소장 분비 기능 ↓ 위장관 운동 ↑ 인슐린 분비, 미주신경 자극
GLP-1	소장 L-세포	GLP-1R	↓	↓	↑ 인슐린 분비 ↑ 베타세포 증식 ↓ 베타세포 세포 고사 ↓ 위 배출
그렐린(ghrelin)	위장 P/D-1세포	GHS-R	↑	↑	↑ 성장호르몬 분비 ↑ 위산 분비, 위 배출 ↑ 혈관 확장 ↓ 인슐린 분비
콜레시스토키닌 (cholecystokinin)	십이지장 I-세포	CCK-1, 2	↓	?	↓ 위 배출 ↑ 췌장 분비 ↑ 담낭 수축
PP	췌장 F-세포	Y4, Y5	↓	↓	↓ 위 배출 ↓ 렙틴 ↑ 인슐린 분비 ↓ 베타세포 세포 고사
GIP	소장 K-세포	GIP-R	?	?	↑ 인슐린 분비, ↑ 베타세포 증식 ↓ 베타세포 세포 고사 ↑ 지단백 지방분해효소 (LPL) 활성, 지방 축적

옥신토모듈린 (OXM)	소장 L-세포	GLP-1R, GCGR	↓	↓	↓ 위 배출, 위산 분비 ↓ 혈당 ↑ 인슐린 분비 ↑ 에너지 소비
글루카곤 (glucagon)	췌장 알파세포	GCGR	↓	↓	↑ 혈당 ↑ 에너지 소비
아밀린(amylin)	췌장 베타세포	AMY1-3	↓	↓	↓ 위 배출, 위산 분비 ↓ 식후 글루카곤 분비 ↓ 혈당
인슐린(insulin)	췌장 베타 세포	Insulin receptor	↓	↑	↑ 글리코겐 합성 ↓ 혈당 ↑ 지방 합성 ↓ 지방 및 단백질 분해
FGF-19	소장	FGFR 1, 2, 3, 4	↓	↓	포도당 및 지질 대사 관여, ↑ 에너지 소비

약자

FGF-19: fibroblast growth factor-19
GLP-1: glucagon-like peptide 1
PYY3-36: peptide tyrosine-tyrosine 3-36
PP: pancreatic polypeptide,
GIP: gastric inhibitory polypeptide
OXM: Oxyntomodulin

제발 음식 좀 빨리 먹자는 신호를 보낸다. 이때 위장의 P/ D1 세포에서는 그렐린을 잔뜩 분비한다. 그렐린은 식욕을 증가시키는 작용을 한다. 그래서 밥을 먹기 전에는 그렐린 의 혈중 농도가 높이 올라갔다가 밥을 먹은 뒤에는 다시 줄어든다.

체중과 혈당 등을 극적으로 호전시키는 것으로 알려진

비만 대사 수술(bariatric metabolic surgery) 중 위 소매 절제술 (sleeve gastrectomy)이 있는데, 이 수술은 그렐린을 분비하는 세포를 대부분 제거해버린다. 그렐린은 위장관 호르몬 중 유일하게 식욕을 촉진하는 호르몬으로 유명하기 때문이다. 공복 시간이 길어지면 췌장의 알파세포에서 글루카곤이 나와 간에 저장해 두었던 당분(글리코겐)을 녹여서 혈당을 높인다. 또 아미노산을 이용하여 포도당을 새롭게 생성해내어 혈당을 높여주는 역할을 한다.

일단 밥을 먹고 나면 GLP-1과 GIP, 두 인크레틴 호르몬이 분비된다. 혈당이 올라갈 때 췌장의 베타세포에서 인슐린을 더욱 많이 분비하도록 유도한다. 췌장 베타세포에서는 인슐린 분비가 촉진되고 췌장 알파세포에서는 글루카곤 분비를 억제한다. 이 두 가지 작용으로 혈당이 높이 올라가는 것을 막는다.

지방을 많이 함유한 음식이 십이지장에 도달하면 I-세포에서 콜레시스토키닌을 분비하여, 담낭을 수축시킨다. 담낭은 담즙을 미리 보관해 두었다가 지방질이 풍부한 음식을 섭취하면 담즙을 십이지장으로 내보내서 지방의 소화 흡수를 도와준다. 담즙은 주방세제와 비슷한 기능을 하는데, 기름기를 물과 함께 섞이게 하는 소위 계면활성제 역할을 해준다. 이렇게 지방이 소화되어 만들어진 지방산이 소장을 통해 흡수될 때 소장에서는 GIP 분비를 촉진하고, GIP는 지방이 지방세포에 저장되는 것을 돕는다.

소화 흡수가 되었으면 이제 음식 섭취를 중단해야 한다. 이때 역할을 하는 것이 GLP-1, PYY 등이다. 그리고 췌장 베타세포에서도 아밀린과 PP 등을 분비해서 식욕을 억제한다. 사실 식욕을 억제한다기보다도 포만감을 증가시킨다는 표현이 더 적확하다.

우리가 음식을 섭취하다가 배가 불러옴을 느끼고 음식 섭취를 중단하라는 신호를 받는데, 이를 포만감이라고 한다. 포만감은 물리적 포만감과 생화학적 포만감이 있다. 물리적 포만감은 말 그대로 위 용적이 가득 차서 배가 부르다는 것이고, 생화학적 포만감은 배불리 먹지는 않았지만, 이제는 그만 먹어도 되겠다는 신호이다. 이러한 생화학적 포만감을 유발하는 데 있어서 장 호르몬은 매우 중요한 역할을 한다. 이들 장 호르몬은 시상하부의 식욕 조절

중추에 작용해 우리 뇌가 식사 때가 되어도 배가 고프지 않고, 식사를 할 때면 조기에 배가 부르다는 느낌이 들도록 만든다.

호르몬의 그다음 움직임은 위에서 음식물을 소장으로 내려보내는 속도를 조절하는 것이다. 이 과정에서는 GLP-1이 중요한 역할을 한다. GLP-1은 위에서 소장으로 음식물이 내려가는 속도를 조절하여 적절한 양의 음식물이 소장에 유입되게 한다. 이로써 효과적으로 소화 흡수를 돕고, 식후 혈당이 갑작스럽게 상승하는 것을 막는다. 소화 흡수된 음식물이 소장의 하부로 내려가면 또 다른 호르몬을 만난다. 이곳에는 L-세포라고 하는 내분비세포들이 풍부한데 L-세포는 GLP-1뿐만 아니라 옥신토모듈린(oxyntomodulin), PYY 같은 호르몬도 분비한다. 이 같은 호르몬들은 힘을 모아 포만감을 증대시키고 식욕을 억제하며 몸의 에너지 대사를 돕는다. 이외에도 수많은 위장관 호르몬들이 있으며 우리 몸의 신진대사 조절과 위장관의 소화, 흡수, 위장관의 운동을 조절하는 역할 등을 담당한다.

일단 밥을 먹고 나면 GLP-1과 GIP, 두 인크레틴 호르몬이 분비된다. 혈당이 올라갈 때 췌장의 베타세포에서 인슐린을 더욱 많이 분비하도록 유도한다. 췌장 베타세포에서는 인슐린 분비가 촉진되고 췌장 알파세포에서는 글루카곤 분비를 억제한다. 이 두 가지 작용으로 혈당이 높이 올라가는 것을 막는다.

건강을 결정하는 메커니즘 2: 장 근육과 신경

장이 점액을 분비하고 음식을 짓이겨 소화시키고 입
으로부터 항문까지 이동시키는 오묘한 동작을 수행하
기 위해서는 여러 종류의 근육이 필요하다. 장을 이루
는 근육은 크게 세 가지 층으로 구성된다. 점막하 근육
층(submucosal muscle), 내부 근육층(internal layer 또는 circular
muscle layer), 외부 근육층(external layer, 또는 longitudinal muscle
layer)이다.

점막하 근육층은 장의 점막 바로 아래 위치하며, 점
막하 신경총(submucosal plexus, Meissner's plexus)이 이 근육
층 속에 들어 있다. 장의 점막을 움직이고, 점액 분비세포

가 점액을 짜내는 일을 도우며 점막층의 국소 혈류 조절을 담당하는 역할을 한다. 내부 근육층은 원형 근육층이라고 하며, 평활근 섬유가 장의 둘레를 따라 순환하는 형태로 배열되어 있다. 따라서 수축하면 장 속에 있는 내용물을 압착하게 된다. 이때 리듬과 박자가 중요한데, 한 부위가 수축할 때 그 아래 부위가 이완하면, 장 속 내용물이 아래쪽으로 이동하게 된다. 이 동작을 연동운동(peristalsis)이라고 하며, 음식물을 위에서 항문 방향으로 이동시키는 데 필수적이다. 또한 일정 구간의 양쪽 끝에서 수축을 하면 장 속 내용물이 마구 섞이면서 소화가 촉진된다. 이 경우 소장의 여러 구간이 동시에 내부의 원형 근육층이 수축하여 마치 소시지 모양으로 보이기도 한다.

마지막으로, 외부 근육층은 종주 근육층으로도 불리며, 평활근 섬유가 장의 길이 방향을 따라 배열되어 있다. 따라서 수축하면 장의 길이가 줄어들고, 이완하면 장의 길이가 늘어난다. 외부 근육층의 수축과 이완 작용은 장 전체를 짧게 하거나 길게 만듦으로써 음식물이 더 쉽게 이동하도록 만든다. 긴 양말을 신을 때 양말을 접어서 주름을

위장관의 단면 조직

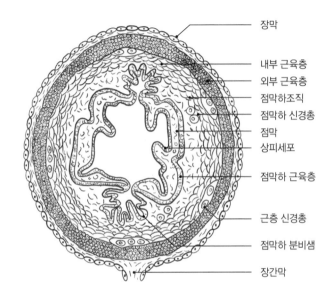

장막

내부 근육층
외부 근육층
점막하조직
점막하 신경총
점막
상피세포

점막하 근육층

근층 신경총

점막하 분비샘

장간막

잡고 발을 쏙 집어넣으면, 발끝이 양말 끝까지 쉽게 이르게 하는 모양을 상상하면 이해하기 쉬울 것이다.

장의 움직임은 이처럼 복잡한 근육 구조를 통해 이루어지는데, 이를 세밀하게 조절하려면 신경이 필요하다. 그래서 장의 신경 또한 매우 복잡하다. 뇌에서는 자율신경을 내려보내는데, 교감신경과 부교감신경이 각각 따로 내려온다. 교감신경과 부교감신경은 장에 독자적으로 존재하는 장 신경계(enteric nervous system)와 소통하면서 장의 기능을 조절한다.

장 신경계도 두 종류로 이루어진다. 근층간 신경총 (myenteric plexus of Auerbach)이 내부 근육층과 외부 근육층 사이에 존재하고, 점막하 신경총은 말 그대로 점막 바로 아래에 존재한다. 점막하 신경총은 주로 장의 분비 기능과 점막의 혈류 조절을 담당하고, 근층간 신경총은 내부 및 외부 근육층을 통해 장의 운동을 조절한다.

교감신경은 마치 포식자에게 쫓겨 도망가는 상태와 비슷해서 소화 흡수에 신경 쓸 겨를이 없다. 장의 혈류, 분비, 운동 모두 줄어든다. 반면 부교감신경은 배불리 먹고 편히 쉬고 있을 때의 상태와 유사해서, 장의 혈류가 증가하고 분비가 증가하여 소화 흡수를 돕고 장 운동도 촉진해 삼킨 음식물을 부수어 소화시키고, 입에서 항문 방향으로 이동시킨다.

심장에서 동발결절을 이루는 세포가 심장박동을 조절하듯이, 장 운동의 리듬을 자체적으로 생성하는 신경세포도 있다. '카할 간질세포(interstitial cells of Cajal)'라고도 하는

데, 위장의 페이스메이커 역할을 한다. 이들 신경과 근육이 식도-위장-소장-대장-직장-항문으로 이어지는 소화관의 움직임을 조절하여 소화, 흡수, 배설 작용이 원활하게 일어나게 한다.

건강을 결정하는 메커니즘 3: 장내 세균

하루 내내 목초지에서 풀을 뜯고 있는 소를 보고 있노라면 신기하다. '어떻게 풀만 먹고 저렇게 우람한 근육을 가질 수 있으며, 양질의 단백이 풍부한 우유를 생산할 수 있을까?' 하는 생각이 들기 때문이다. 목초지에 돌아다니는 쥐나 메뚜기를 잡아먹는 것도 아닌데 말이다.

소의 위장관 구조를 보면 수수께끼가 풀린다. 소는 반추위, 벌집위, 겹주름위, 주름위로 불리는 4개의 위를 가진다. 이 중 반추위는 우리가 양(rumen)이라고 부르는 소의 첫 번째 위를 말한다. 용적이 무려 150~200리터에 달한다. 소가 풀을 먹으면 풀을 구성하는 섬유질 중 셀룰로스, 헤미셀룰로스를 포함해 기타 전분 성분까지 소의 반추위에 살고 있는 세균들이 분해한다. 소의 반추위는 미생물의 서식 밀도가 세계에서 가장 높은 공간이다. 밀리리터당 10억~100억 마리의 박테리아가 존재한다고 한다. 반추위에는 위산이나 소화효소가 분비되지 않기 때문에, 순전히 미생물에 의해서만 소화가 일어난다. 소화의 결과물로 만들어지는 휘발성 지방산(아세테이트, 프로피오네이트, 부티레이트)은 반추위에서 바로 흡수되어 소의 에너지원으로 사용된다.

이후 소가 반추위의 내용물을 되새김을 통해 두 번째 위로 넘기고 발효시켜 세 번째 위로 넘긴 뒤 다시 발효시켜서 네 번째 위로 넘기면 다른 동물처럼 위산이 분비되고 펩신 등 소화효소가 분비되는 일반적인 소화가 일어난다. 이 과정에서 미생물을 구성하는 단백질이 분해되고 흡수되어 소가 근육을 만들고 우유를 만드는 데 사용된다. 이처럼 장내 미생물이 하는 일은 실로 엄청나다.

소에 비할 바는 아니지만, 장내 미생물들은 사람의 신진대사에서도 매우 중요한 역할을 한다. 인간의 장에도 수

조에 달하는 미생물이 살고 있으며, 이들 장내 미생물은 사람이 소화를 시킬 수 없는 일부 식이섬유를 분해해서 에너지로 쓸 수 있도록 만들고, 일부 단백질 분해, 비타민 B·비타민 K 합성, 복잡한 지질과 콜레스테롤 분해 등의 작용을 한다. 또 병을 일으키는 나쁜 세균이 증식하거나 몸속으로 들어오는 것을 막는 장벽 역할을 한다. 이 장벽이 무너지면 나쁜 세균이 증식하여 각종 병을 일으킨다.

광범위 항생제를 사용하였을 때 좋은 세균의 장벽이 사라지면서 나쁜 세균이 급속도로 증식하여 출혈성 대장염을 일으키고 심할 경우 목숨을 잃는 것이 대표적인 사례이다. 이 병을 위막성 대장염(僞膜性 大腸炎, pseudomembranous colitis)이라고 하는데, 주로 광범위 항생제 복용 후에 발생하며, 클로스트리디움 디피실(Clostridium difficile, C. diff)이 원인균이다. 이 세균을 잡는 항생제를 써도 호전이 없을 경우, 건강한 정상인의 대변에서 얻은 장내 세균을 투여하여 치료한다.

장내 미생물군과 비만 사이의 잠재적 연관성도 나타났다. 한 연구에서 장내 세균이 없는 소위 무균 생쥐는 정상 장내 미생물을 가진 생쥐에 비해 총 체지방이 42% 적다는 것을 관찰했다. 또 이 무균 생쥐에 일반 생쥐의 막창자(cecum)에서 얻은 장내 미생물무리를 이식하자, 음식 섭취가 늘지 않고 오히려 줄었음에도 불구하고 2주 후 체지방 함량이 61% 증가하고 인슐린 저항성이 증가한 바가 있다. 이를 근거로 장내 미생물무리 유전체(gut microbiome)는 숙주가 되는 동물과 함께 진화해왔으며, 장내 세균들은 이 과정을 통해 다양한 음식으로부터 에너지와 영양소를 추출하는 데 핵심적인 역할을 수행했을 것으로 추정된다.

예를 들면, 생쥐를 대상으로 한 연구에서는 고지방 식이가 미생물무리의 아세트산 생성을 증가시키는 것이 확인되었다. 증가된 아세트산은 부교감신경계를 활성화하고, 이는 인슐린과 그렐린 분비를 직접 촉진해 과식증과 비만을 유발함을 밝힌 것으로, 아세트산 증가를 비만 치료의 개입점으로 제시한 바 있다.

장내 미생물의 특정 세포 구성 요소는 장-뇌 회로에 영향을 미칠 수 있다. 몇몇 장내 미생물의 단백질 분절은 사람의 식욕 조절 펩타이드 및 신경 펩타이드와 분자적인 유사성(molecular mimicry)을 가지고 있다. 예를 들면 사람에서 식욕 억제 작용을 하는 α-MSH의 일부 아미노산 서열은 대장균(E. coli), 비피도박테리움 롱검(Bifidobacterium longum), 바실루스 세레우스(Bacillus cereus) 등의 장내 세균 유래 단백질과 동일하다. 특히 대장균의 일종인 E.coli K12에 의해 생성된 ClpB는 사람의 α-MSH와 구조가 같고, 시상하부의 식욕 조절에 영향을 미친다. 최근의 연구에서는 이러한 ClpB 단백질의 효과를 보여주었다. 한 비만 생쥐 모델에서는 ClpB 생산을 하는 H. Alvei를 처리한 군에서 식욕을 증가시키는 물질인 AgRP가 감소함이 보고된 바 있다.

장내 세균은 지방 소화에서 핵심적인 역할을 하는 담즙산과도 상호작용을 한다. 담즙산은 간에서 콜레스테롤을 재료로 만들어지는데, 소장에서 지방과 물이 서로 섞이도록 하여 지방 소화효소인 리파아제가 효율적으로 작용할 수 있도록 한다. 또 지용성 비타민인 비타민 A, D, E, K 등의 흡수를 도우며, 장내 미생물의 성장을 억제하여 장내 환경을 적절히 조절하는 역할을 한다.

장내 세균도 가만히 있지는 않는다. 우선 장내 세균은 1차 담즙산을 2차 담즙산으로 변형시킨다. 예를 들어, 담즙산인 콜산과 케노디옥시콜산은 장내 세균에 의해 각각 데옥시콜산과 리토콜산으로 변환된다. 이 과정을 통해 변형된 담즙산은 기능과 특성의 변화가 일어난다. 담즙산과 그 대사 산물은 장내 면역 시스템을 조절해 염증 반응 조절, 장내 항상성 유지 등을 하는 데 기여하기도 한다. 특히 회장(ileum)과 간에서 파네소이드 X 수용체(farnesoid X receptor, FXR) 수용체의 활성화를 통해 각종 신진대사에 중요한 영향을 미친다.

그렇다면 이러한 장내 세균을 이용하여 사람의 대사 질환을 치료할 수 있을까? 결론부터 말하자면 아직은 불투명하다. 동물실험으로부터 얻은 희망적인 결과에도 불구하고, 최근의 임상연구에서는 장내 미생물의 변화가 인간의 에너지 항상성 또는 대사에는 영향을 미치지 않는다는 보고가 이어지고 있기 때문이다.

예를 들어, 건강한 성인에게 4일간 광범위 경구 항생제를 투여해 장내 미생물 변화를 살펴본 결과, 항생제 투여

직후 장내 미생물 수의 급격한 감소가 관찰되었지만 식후 포도당 내성, 인슐린 분비, 혈장 지질 농도 등에는 큰 변화가 없었다. 비만이거나 당뇨병 전 단계인 남성에게 일주일간 항생제를 투여한 실험에서도 장내 미생물 구성이 변하긴 했지만 인슐린 감수성, 식후 호르몬 및 대사물질, 지방 세포 크기 등에는 변화가 없어, 임상적으로는 영향이 없음이 보고된 바 있다. 따라서 현재까지 사람의 장내 미생물과 장-뇌 회로에 관한 대부분의 연구는 대사 변화가 상대적으로 미미하거나 결과가 인과성이 아닌 연관성으로만 나타나는 등 추가적인 재현 연구를 필요로 하는 상태이다.

4장

체중과 건강의
시크릿 소스,
인크레틴의 모든 것

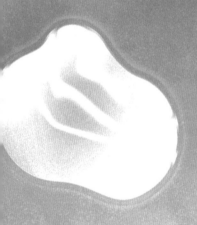

장은 식욕과 포만감 및 체내 에너지의 항상성을
조절한다. 우리가 포도당을 섭취하면 장에서
특별한 인자가 분비되어 인슐린 분비를
촉진하는데, 이는 식후 혈당을 정상 범위로
조절하며 식욕과 장 운동 조절을 통해서
인체의 에너지 대사를 조절한다.

인크레틴은 어떻게 슈퍼 호르몬이 되었나

모든 동물은 에너지를 생성하고 몸에 필요한 구성 요소를 만들기 위해 주변 환경으로부터 영양소를 섭취해야 한다. 그러므로 영양소를 섭취하는 기능을 담당하는 위장관은 모든 동물의 생존에 필수불가결한 요소이다. 지구에서 가장 하등하다고 알려진 해면동물도 신경계와 인슐린과 글루카곤을 분비하는 췌도는 없지만, 매우 원시적인 형태의 장을 가지고 있다. 동물들은 진화할수록 신경계와 내분비계를 갖게 되어 섭식 행동과 대사적 항상성을 효율적으로 조절할 수 있게 된다. 따라서 영양소를 흡수하고 인지하는 부위인 위장관 내분비계(enteroendocrine sytem)가 식

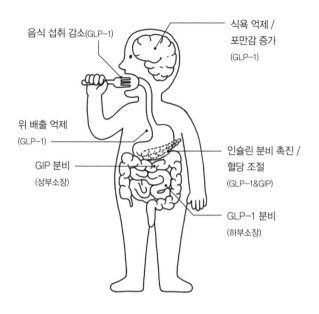

음식 섭취 감소(GLP-1)

식욕 억제 /
포만감 증가
(GLP-1)

위 배출 억제
(GLP-1)

GIP 분비
(상부소장)

인슐린 분비 촉진 /
혈당 조절
(GLP-1&GIP)

GLP-1 분비
(하부소장)

욕과 포만감 및 체내 에너지의 항상성을 조절하는 것은 당

연하다.

먼저 위장관 내분비계에서 혈당 조절의 중추적 역할을

하는 '인크레틴 효과(incretin effect)'에 대해서 알아보자. 우

리가 포도당을 입으로 섭취하면 장에서 특별한 인자가 분

비되어 인슐린 분비를 촉진한다. 포도당을 정맥을 통해 투

여해 입으로 섭취했을 때와 똑같은 혈당 수준을 맞추더라

도, 인슐린 분비량은 입으로 먹었을 때보다 훨씬 적다. 이

처럼 포도당이 입을 통해 섭취되어 장을 통해 흡수되는 과정에서 인슐린 분비를 촉진하는 작용을 인크레틴 효과라고 한다.

인크레틴 호르몬은 우리가 음식을 섭취하여 장에서 소화 흡수가 일어날 때, 장에 위치하는 내분비세포가 분비하는 호르몬이다. 혈중 포도당 농도에 의존적으로, 췌장 베타세포에서 인슐린 분비를 촉진하는 역할을 한다. 현재까지 GLP-1과 GIP, 두 가지가 알려져 있다. 동물실험을 비롯한 여러 실험을 통해 이 두 가지 인크레틴 호르몬이 대부분의 인크레틴 효과를 설명하고 있기 때문에, 추가적인 인크레틴 호르몬이 존재할 가능성은 거의 없어 보인다. 인크레틴 호르몬은 식후 혈당을 정상 범위로 조절하는 데 중요한 역할은 물론, 식욕 조절, 장 운동 조절 역할을 통해서 우리 몸의 에너지 대사를 조절하는 데도 큰 역할을 한다.

시크릿 소스 1: 혈당 스파이크를 막아라

인체의 여러 요소가 특정 기능을 수행하기 위해 협업하는 것을 '축(axis)'이라고 부른다. 인체의 내분비 시스템에는 축이 많다. 부신에서 스트레스 호르몬인 스테로이드를 분비하기 위해서는 시상하부-뇌하수체-부신 축이 정상적으로 작동해야 한다. 갑상선에서 갑상선 호르몬을 알맞게 분비하기 위해서는 시상하부-뇌하수체-갑상선 축이 제대로 작동해야 한다. 정상적인 생식 기능을 유지하기 위해서는 시상하부-뇌하수체-성선 축이 건강해야 한다.

장에서 흡수되는 영양소, 특히 포도당을 정상적으로 대사시키기 위해서는 장-췌도 축(enteroinsular axis)이 올바

르게 작동해야 한다. 장-췌도 축은 장과 췌도 간의 연결 축을 의미한다. 우리가 섭취하는 음식은 탄수화물, 지방, 단백질로 구성되어 있는데, 이러한 영양소가 장에 도달하면 장의 상피세포 중 일부인 장 내분비세포에서 GLP-1과 GIP 같은 인크레틴 호르몬이 분비된다. 이 호르몬들은 혈액을 통해 췌장에 도달하여 인슐린 분비를 촉진한다. 특히 GLP-1은 장의 신경을 자극하여 신경 전달(neural transmission)을 통해서 인슐린 분비를 조절할 수도 있다. 또한 흡수된 포도당, 지방산, 아미노산 등이 직접 췌장에 작용하여 인슐린 분비를 촉진할 수 있다.

이처럼 다양한 경로를 통해 인슐린 분비 조절이 섬세하게 이루어진다. 먹은 음식물이 많을수록 인슐린이 많이 분비되어 식후 고혈당을 예방한다. 또 인슐린 분비가 너무 과도하지 않도록 조절하여 저혈당이 생기는 것을 예방할 수 있다. 이처럼 장과 췌도가 서로 소통하는 방식으로 장으로부터 인크레틴 호르몬, 신경계, 영양소 등의 신호를 췌도에 전달하여 정상적인 식후 혈당을 유지하도록 한다.

GIP는 십이지장과 상부 공장(소장의 앞부분)에 분포하

GLP-1과 GIP의 특징 비교

	GLP-1	GIP
분비 세포	L세포(회장, 결장)	K세포(십이지장, 공장)
주된 표적 조직	췌장(β세포), 위장관, 중추신경계, 심혈관계	췌장(β세포), 지방조직, 뼈
인슐린 분비 조절	인슐린 분비 촉진 (혈당 의존적)	인슐린 분비 촉진 (혈당 의존적)
글루카곤 분비 조절	글루카곤 분비 억제	글루카곤 분비 촉진 (저혈당 시)
위 배출 조절	위 배출 지연	영향 미미
식욕 조절	식욕 억제 (중추신경계를 통해)	단독으로는 영향 미미
지방 대사	영향 미미	지방 저장 촉진 (지방 세포 증식)
골 대사	영향 미미	골 형성 촉진
심혈관 보호 효과	심혈관 보호 효과 입증됨	심혈관 보호 효과 불명확

는 K-세포에서 분비되고, GLP-1은 이보다 좀 더 먼 소장 부위에 있는 L-세포에서 분비된다. 과거에는 위장관 내분비세포를 분비하는 호르몬에 따라 엄격하게 구분하였으나, 최근 연구에서는 하나의 위장관 내분비세포가 여러 가지 위장관 호르몬을 분비하는 것으로 밝혀졌다. 실제로 GLP-1과 GIP를 동시에 분비하는 세포가 알려져 있는데, 이를 K/L 세포라고 부르기도 한다.

GLP-1과 GIP는 유사한 기전으로 인슐린 분비를 촉진한다. 포도당이 포도당 수송체(glucose transporter)를 통해 세포 내로 들어오면 포도당을 깨는 '해당과정(glycolysis)'을 거쳐 미토콘드리아에서 ATP가 생성된다. ATP는 ATP 의존성 포타슘 채널(ATP-sensitive potassium channel, K_{ATP} channel)을 닫아 세포막의 흥분(탈분극, depolarization)을 유도한다. 이로 인해 칼슘이 세포 내로 대량 유입되어 이것을 동력으로 삼아 인슐린이 분비된다.

GLP-1은 ATP 생성을 통해 베타세포를 흥분시키지는 못하지만, 그 이후의 단계인 세포 내 칼슘 농도를 증가시키는 방향으로 작용하기 때문에 포도당 농도에 의존하여 인슐린 분비를 촉진하게 된다. 즉, 혈당이 높아서 포도당이 풍부한 상태에서 췌도 베타세포가 흥분하면, GLP-1은 인슐린을 더 많이 분비하는 방식으로 작동한다. 이렇게 되면 혈당이 정상이거나 저혈당인 상황에서는 GLP-1이 인슐린을 추가로 분비시키지 않는다. 즉, 저혈당이 발생하는 것을 방지할 수 있는 것이다. GIP도 유사한 방식으로 작동하기 때문에, 포도당 의존적으로 인슐린을 분비하고, 정상 혈당이거나 저혈당일 때는 인슐린 분비를 촉진하지 않는다.

GLP-1과 GIP는 인슐린 분비를 촉진시키는 점에서 유사하지만 다른 점도 있다. GIP는 주로 십이지장과 상부 공장의 K-세포에서 분비되며, 포도당과 지방의 흡수에 의해 분비가 결정된다. 정상인은 GIP가 포도당 농도에 의존적으로 췌장의 베타세포에서 인슐린 분비를 증가시키지만, 2형 당뇨병 환자에게는 이러한 작용이 뚜렷이 나타나지 않는다. 반면, GLP-1은 주로 소장의 L-세포에서 분비되며, 포도당 농도에 의존적으로 인슐린 분비를 증가시키고 글루카곤 분비를 감소시킨다. GLP-1은 위 배출을 지연시키고 식욕을 감소시키며 포만감을 증가시키는 것으로 잘 알려져 있다. 2형 당뇨병 환자에게도 인슐린 분비 촉진 효과가 뚜렷하여, GIP에 앞서 2형 당뇨병과 비만 치료제로 개발되었다.

췌도 알파세포에서 혈당을 상승시키는 작용을 하는 글루카곤의 경우, GLP-1은 분비를 억제하지만 GIP는 분비를 촉진한다. 생쥐 실험에 의하면 GIP는 체내 지방 저장을 증가시켜 고지방 식이에 따른 비만을 유도할 가능성이 있고, 또한 GIP는 위 배출을 억제하지 않으며 식욕이나 포만감에 영향을 미치지 않는다. 그러나 최근 GIP와 GLP-1의 성격을 모두 갖춘 터제파타이드(tirzepatide)가 강력한 혈당 강하 작용, 강력한 식욕 억제 작용, 강력한 체중 감소 작용을 보였다. GIP의 작용에 대해서도 새롭게 다시 연구해야 할 필요가 생겼다.

시크릿 소스 2: 배고픔 신호를 속여라

동물은 자체적으로 에너지를 생산할 수 없다. 생명을 유지하기 위해 끊임없이 외부에서 에너지를 섭취해야 한다. 동물의 에너지 소비는 대부분 먹는 활동을 위해 사용된다. 그래서 우리 몸은 배고픔과 식욕이라는 기능을 갖추고 이를 통해 계속해서 에너지를 섭취하도록 이루어졌다. 그러나 무한정 많은 에너지를 섭취하는 것은 불가능하다. 섭취한 에너지를 소화하고 저장하는 것도 한계가 있다. 그래서 우리는 포만감을 느끼게 된다.

포만감은 단순히 위장이 팽창해서 생기는 것이 아니다. 다양한 말초조직의 신호가 뇌에 전달되어 만들어진다.

음식 섭취 과정에서 포만감을 유도하는 대표적인 신호는 위장관 호르몬에 의해 만들어진다. 십이지장부터 회장 끝까지 장 상피에는 다양한 내분비세포가 존재하며, 위장관 내 음식물이 흡수됨에 따라 구역별로 특이한 호르몬을 분비해 몸의 에너지 균형을 유지한다. 또한, 인간의 뇌는 주로 포도당을 에너지원으로 사용하기에 일정한 혈당 수준을 유지하는 것이 매우 중요하다.

장에서 온 신호가 뇌에 전달되어 몸 전체의 신진대사를 조절하는 것은 진화론적 관점에서 매우 유용하다. 최근 널리 시행되는 비만 대사 수술은 위장관의 구조를 변경하여 체중을 줄이고 혈당을 극적으로 개선한다. 이 수술의 효과는 기존의 식이 및 운동요법보다 훨씬 뛰어나며, 기존의 항비만 약제보다도 효과적이다. 또한, 위장관 호르몬인 글루카곤유사펩타이드-1(GLP-1)을 기반으로 한 새로운 비만 치료제는 기존 항비만 약제보다 훨씬 우수한 체중 감량 효과를 보인다. 따라서 체중 및 대사 조절에서 장-뇌 신호 전달이 필수적이라고 할 수 있다.

그렇다면 GLP-1이 식욕을 억제하는 원리는 무엇일까?

우리 뇌에는 여러 호르몬을 생성하는 뇌하수체(pituitary gland) 바로 위쪽에 시상하부라는 부분이 있다. 몸의 감각을 통합하는 기관인 시상(thalamus) 아래에 위치한다고 하여 붙여진 이름이다. 그리고 신경세포체가 그룹을 형성하여 특수한 기능을 수행하는 것을 신경핵이라고 부른다. 시상하부에는 다양한 신경핵이 있는데, 이 중에서 식욕 조절과 관련하여 가장 중요한 것 중 하나가 궁상핵(arcuate nucleus)이다. 시상하부 궁상핵은 다양한 호르몬과 영양소를 감지하여 신체 에너지 균형을 조절하는 중추 역할을 한다.

일반적으로 뇌에는 뇌-혈액 장벽이 있어서 혈액 속에 있는 물질이 뇌 속으로 자유롭게 드나들지 못한다. 궁상핵에는 특이하게도 뇌-혈액 장벽이 없어서 여러 호르몬과 영양소가 자유롭게 드나들 수 있다. 또 궁상핵에는 식욕을 유발하는 신경세포와 식욕을 억제하는 신경세포가 공존하고 있는데, 비만한 사람의 입장에서 보면 악마와 천사가 공존하면서 서로 싸우고 있는 꼴과 같다.

식욕을 촉진하는 신경세포는 아구티 관련 단백질

(AgRP)과 신경펩타이드Y(NPY)를 발현하는 뉴런(neuron)이고 식욕을 억제하는 신경세포는 프로오피오멜라노코틴(POMC)을 발현하는 뉴런이다. 전자는 우리에게 먹으라고 유혹하고, 후자는 이제 그만 먹으라고 말리는 기능을 한다. 이들 신경세포의 힘겨루기는 식욕과 에너지 대사 조절에 중요한 역할을 하며, 둘의 타협의 결과로 멜라노코틴-4 수용체(MC4R)를 통해 에너지 섭취가 결정된다. GLP-1은 이 중 프로오피오멜라노코틴 뉴런을 통해 식욕을 억제하는 작용을 한다. 결국 장에서 분비되는 GLP-1이 뇌에 작용하여 식욕을 억제하므로 이것이 장-뇌 축의 일부를 구성하고 있다.

식욕 조절에서 시상하부가 가장 중요한 역할을 하는 것으로 알려져 있으나, 사실은 여러 뇌 영역이 복잡한 신경회로를 통해 식욕을 조절한다. 꼬리뇌간(caudal brainstem)은 장과 뇌를 연결하는 허브 역할을 하며, 식사 중 섭취한 영양소에 대한 정보를 받는다. 꼬리뇌간의 최하 구역(area postrema)은 궁상핵과 마찬가지로 뇌-혈액 장벽이 없어서 여러 대사 신호를 수신하고 통합한다. 이런 신호에는 렙틴, 아밀린, 콜레시스토키닌(CCK), GLP-1, PYY, 그렐린 등이 있다. 최하 구역은 이와 인접한 고립핵(nucleus tractus solitarius)으로 신경 전달을 하며, 고립핵은 다시 여러 뇌 영역으로 정보를 전달한다.

고립핵은 장의 벽과 위장의 점막에 분포하는 미주신경이 뇌로 들어오는 구심성 섬유로부터 지속적인 정보를 받으며, GLP-1, 콜레시스토키닌 같은 펩타이드 호르몬을 분비하기도 한다. 이 호르몬들은 장의 미주신경 구심성 섬유의 수용체에 작용하여 전기화학적 정보로 변환되어 고립핵으로 전달된다.

고립핵의 뉴런은 이 정보를 국소적으로 합성된 GLP-1 및 콜레시스토키닌 같은 다른 신경내분비 신호와 통합하여, 장에서 온 신호가 다른 뇌 영역으로 전달되기 전에 반응 크기를 조절한다.

2024년 서울대학교 최형진 교수(뇌인지과학과/의과학과) 연구팀은 세계적인 과학저널《사이언스》에 'GLP-1이 어떻게 작동하는지'를 새롭게 밝힌 논문을 게재하였다.[4] 이 논문은 GLP-1 계열의 비만 치료제가 음식이 앞에 있을 때,

그 인지만으로도 이미 포만감을 유발한다는 것을 증명하였고, 구체적으로 뇌의 어느 부위에서 이런 작용이 일어나는지를 밝혔다.

마치 자린고비가 굴비를 매달아 놓고 바라보며 배불러하는 것처럼, GLP-1 치료를 받으면 음식을 바라보기만 해도 포만감을 느끼게 된다는 것이다.

연구는 GLP-1 제제가 시상하부의 배부름 신경들이 음식을 인지할 때부터 증폭된다는 것을 보여주었다. 첫 번째로, 사람에게 GLP-1 제제를 주사했을 때, 음식을 인지하는 순간 음식을 삼키지도 않아도 포만감이 생긴다는 것을 관찰하였다. GLP-1 작용 뇌 부위를 찾기 위해, 사람 뇌 조직에서 GLP-1 수용체의 분포를 분석한 결과, '등쪽 안쪽 시상하부 신경핵(Dorsomedial hypothalamus, DMH)'에 많이 분포한다는 사실도 관찰하였다.

또 생쥐의 뇌 조직에서도 같은 부위에 GLP-1 수용체가 많이 발견되었는데, 광유전학(photogenetics)이라는 첨단 기법을 이용해 DMH에 있는 GLP-1 수용체 발현 신경을 인위적으로 활성화하면 배부름이 유발되어 생쥐가 음식을 먹다가 바로 중단하는 것을 보여주었다. 반대로 DMH GLP-1 수용체 발현 신경을 인위적으로 억제하면 배부름이 억제되어 사료 섭취를 중단하지 않고 계속 먹는 시간이 증가하였다. 이 연구를 통해 GLP-1이 우리 뇌를 속여서, 음식을 바라보는 것만으로도 배부름을 느끼게 함으로써 음식 섭취량을 줄여서 체중을 조절한다는 것을 체계적으로 증명했다.

그런데 GIP의 경우에는 식욕을 억제하지 못하는 것으로 알려져 있었으나, 최근 터제파타이드가 개발되면서 식욕 억제에도 중요한 역할을 하지 않을까 하는 의구심을 많은 학자에게 불러일으키고 있다. GLP-1의 경우 부작용으로 오심, 구토가 있는데, GIP는 오히려 이러한 오심 발생을 억제한다는 사실이 알려진 바 있다.

2015년, 최형진 교수와 함께 서울의대 기초-임상 공동 연구를 수행한 바 있다.[5] 당시 나는 GIP와 GLP-1을 합성하여 여러 실험을 진행하고 있었고, 그중 생쥐의 뇌 속으로 GLP-1과 GIP를 각각 그리고 동시에 주입한 결과, 놀랍게도 GIP도 식욕을 억제하는 것을 발견할 수 있었다. 이

중추신경의 에너지 항상성 조절

	신경핵 및 뉴런		작용하는 호르몬 또는 수용체
시상하부	시상하부 궁상핵 (Hypothalamic, ARC)	아구티 관련 단백질/ 신경펩타이드Y 뉴런 (AGRP/NPY neurons)	그렐린(ghrelin)
		프로오피오멜라노코틴 뉴런 (POMC neurons)	렙틴(leptin) 글루카곤유사펩타이드-1(glucagon-like peptide-1, GLP-1) 펩타이드YY(Peptide YY, PYY)
	실방핵(paraventricular nucleus, PVN)		가바 수용체 (GABAR) 멜라노코틴-4 수용체 (melanocortin-4 receptor, MC4R)
후뇌	최하 구역 (area postrema, AP)		렙틴(leptin) 아밀린(amylin) 콜레시트토키닌(cholecystokinin, CCK) 글루카곤유사펩타이드-1(GLP-1) 펩타이드YY(PYY) 그렐린(ghrelin)
	고립핵(nucleus tractus solitarius, NTS)		글루카곤유사펩타이드-1 (GLP-1) 콜레시스토키닌(CCK)

사실은 기존에 알려진 학계 정설과 반대되는 것으로서, 이 내용을 논문으로 출판하는 데 많은 어려움이 있었다. 사람들이 결과를 믿지 않았기 때문이다. 그러나 다른 연구진들도 유사한 결과를 관찰해 보고하였고, 릴리에서 제조한 GIP와 GLP-1 수용체에 동시에 작용하는 터제파아티드가 매우 우수한 체중 감소 작용을 보임에 따라, 다시금 최

교수와 나의 연구 결과가 주목을 받고 있다. 하지만 아직까지 GIP가 어떤 방식으로 식욕과 오심을 조절하는지 정확히 알지 못하는 실정이라 많은 연구가 필요하다.

시크릿 소스 3:
느린 소화로 포만감을 만들어라

우리는 음식을 씹어 먹는다. 음식물을 씹으면서 잘게 부수어 목구멍을 쉽게 통과하도록 한다. 그리고 타액이 섞이면 음식물은 흐물흐물해진다. 탄수화물은 타액에 있는 프티알린(ptyalin)에 의해 이미 소화가 시작된다. 삼킨 음식이 위로 내려가면, 위에서는 위산과 펩신을 분비해 소화를 가속시키고 강력한 근육의 움직임으로 갈고 부수어 더욱 부드럽게 만든다. 이후 십이지장으로 조금씩 내려보내는데, 십이지장에서 췌장의 소화효소와 간에서 만들어진 담즙을 이용하여 최종 소화를 시켜 소장에서 흡수하는 데 무리가 되지 않도록 그 속도를 조절한다.

어떤 음식물은 먹고 나서 금방 배가 꺼지는 느낌이 들고, 어떤 음식은 먹고 나서도 오랫동안 속이 그득한 느낌이 든다. 특히 식이섬유가 많거나 기름진 음식을 먹었을 경우 한참이 지나도 배부른 느낌이 지속된다.

잠시 신성로마제국의 황제 프레데릭 2세 이야기를 해보자. 그는 실험 정신이 투철하고 놀라운 일들을 많이 시도해서 '세상의 경이(stupor mundi)'라는 별명을 지닌 인물이었다. 프레데릭 2세는 두 사람에게 동일한 음식을 먹도록 한 후, 한 사람은 식사 후 누워서 쉬게 하고, 다른 한 사람은 사냥을 시켰다. 동일한 양의 음식을 먹었을 때 운동 여부에 따른 소화 속도를 확인해보고자 한 것이다. 몇 시간 뒤, 두 사람을 죽인 후 해부해 위 속 음식물의 소화 상태를 비교했다. 그리고 결과적으로 그의 생각이 옳았음을 확인하였다. 잔혹하고 잘못된 일이지만, 사람에서 위 배출 속도(gastric emptying rate)를 역사상 최초로 측정한 순간이었다. 이처럼 위 내용물의 양과 상태를 측정하는 것은 동물실험에서 위 배출 속도를 보기 위해 간혹 행해지기도 했다. 최근에는 방사성 동위원소가 포함된 음식물을 먹도록 하고,

위장에서 방사능이 검출되는 정도를 파악하여 위 배출 속도를 측정한다.

또 한 가지 흥미로운 것은 타이레놀로 알려진 아세트아미노펜(acetaminophen or paracetamol)이다. 이 약은 pKa(약물이 어느 pH에서 이온화되는지를 결정하는 기준점)가 9.5이다. 따라서 위산이 분비되는 위에서는 흡수가 안 되고 십이지장에 가서 알칼리를 만나야 흡수가 된다. 이 특성을 이용하여 아세트아미노펜을 먹게 하고 혈액 중 아세트아미노펜 농도를 측정함으로써 위 배출 속도를 측정한다.

GLP-1을 투여한 후 위 배출 속도를 측정하면 현저하게 느려지는 것을 관찰할 수 있는데, 특히 속효성 GLP-1인 엑세나타이드나 릭시세나타이드를 투여한 후 음식을 먹게 하면 더욱 뚜렷한 위 배출 속도 감소를 볼 수 있다. 그 결과, 음식물이 십이지장으로 내려가는 속도가 느려져서 식후 혈당 상승이 매우 완만하게 바뀐다.

작용 시간이 긴 GLP-1 제제들은 위 배출 속도에 미치는 영향이 빨리 감소하는 소위 속성내성(tachyphyaxis) 현상이 일어나, 위 배출 속도의 감소는 크지 않다. 브레이크를 짧게 밟으면 급감속이 되는데, 브레이크를 계속 밟고 있으면 감속이 조금만 일어나는 시스템이라고 이해하면 되겠다. GIP의 경우, 위 배출 속도에는 영향을 주지 않는다. 다만 높은 농도에서 GIP는 위산 분비를 억제한다.

GLP-1을 만들어 분비하는 L-세포는 소장의 하부로 갈수록 그 밀도가 높아진다. 즉, 소화 흡수가 덜 된 음식물이 소장의 하부로 많이 도달할수록 GLP-1이 많이 분비되도록 만들어져 있다. 그러면 소장의 하부로 소화 흡수가 안 된 음식물이 많이 내려가는 상황으로는 어떤 것이 있을까? 음식을 너무 많이 먹은 경우, 음식물이 위에서 소장으로 너무 빨리 내려가는 경우, 수술을 통해 소장 하부로 음식물이 빨리 내려가도록 우회로를 만든 경우 등을 생각해볼 수 있다. 이 같은 경우, 우리 몸은 귀한 음식물을 제대로 소화 흡수 처리를 하지 못하는 문제에 봉착하게 된다. 따라서 일종의 브레이크 시스템을 갖추고 있는데, GLP-1이 많이 분비되어 위에서 십이지장으로 음식물을 내려보내는 속도를 현저히 떨어뜨림으로써 소화 흡수에 차질이 없도록 하는 것이다. 여기에 더해 GLP-1은 뇌에 작용하여

'이제 그만 먹자'라는 포만감 신호를 보내게 된다.

GLP-1 주사를 맞으면 식사 시간이 되었는데도 배고픔이 덜하고, 식사 때마다 들리는 "꼬르륵" 소리도 잘 들리지 않게 된다. 그러나 기름진 음식을 잔뜩 먹고 나면 위장이 그득한 느낌이 불쾌할 정도로 오래 지속되고, 위 내용물이 식도로 역류되어 속이 쓰리기도 하며 메스꺼움과 구토로 이어질 수도 있다.

일례로 지인 중 한 명이 GLP-1 제제인 삭센다를 맞던 중 위내시경 검사를 하러 갔었는데, 건강검진센터에서 지시한 대로 공복 시간을 잘 지키고 갔지만 위 내용물이 그득하여 내시경 검사를 실패했던 적이 있다. 수술을 받는 사람의 경우도 비슷한 문제가 생길 수 있는데, 전신 마취를 한 상태에서 위 내용물이 기도로 넘어와서 질식을 일으키거나 흡인성 폐렴을 일으킬 수 있기 때문이다. 수술 전 금식 기간을 잘 지켰지만 이러한 문제가 생길 위험이 있다. 그러나 실제 연구를 통해서 호흡기 합병증 발생 빈도를 살펴보면 그다지 위험이 증가하지 않음이 알려져 있다. 하지만 마취과 의사는 환자의 GLP-1 주사 여부를 알고 있어야 하며, 혹시라도 발생할 수 있는 질식 혹은 흡인성 폐렴을 막기 위한 사전 조치를 시행하여야 한다.

GLP-1 주사를 맞으면 식사 시간이 되었는데도
배고픔이 덜하고, 식사 때마다 들리는 "꼬르륵"
소리도 잘 들리지 않게 된다. 그러나 기름진
음식을 잔뜩 먹고 나면 위장이 그득한 느낌이
불쾌할 정도로 오래 지속되고,
위 내용물이 식도로 역류되어 속이 쓰리기도
하며 메스꺼움과 구토로 이어질 수도 있다.

GIP와 GLP-1으로 만드는 호르몬 밸런싱

GIP는 십이지장과 상부 소장에 있는 K-세포에서 분비되고, GLP-1은 하부 소장에 많이 분포하는 L-세포에서 분비된다. GIP는 음식 내의 탄수화물이나 지방량에 반응해 충분한 인슐린을 분비시킨다. 이를 통해 우리 몸에서 필요로 하는 중요 에너지원을 알뜰살뜰하게 이용하도록 한다. 그래서 GIP를 절약 유전자(thrifty gene)로 볼 수 있다. 절약 유전자는 음식을 먹고 잉여 에너지가 있을 때 이것을 태워서 없애지 않고 미래에 사용할 수 있게 지방으로 저장하는 역할을 갖도록 진화한 유전자를 개념적으로 부르는 것이다. 절약 유전자 덕분에 인류는 굶주린 시기를 견디며 생존할 수 있었다.

그러나 현대에 이르러 절약 유전자가 계속되는 잉여 에너지에 의해 비만이 급속도록 증가하게 하는 원인이 되고 있다. GIP는 인슐린을 분비시켜 포도당은 글리코겐으로 바꿔 저장하고 지방산은 중성지방의 형태로 지방조직에 저장하는 역할을 한다. GIP 수용체를 의도적으로 없앤 생쥐에게 고지방 식이를 주면 GIP 수용체를 정상적으로 지닌 생쥐보다 체중 증가가 덜 하다. 그래서 GIP는 비만으로 이어지는 호르몬으로 보고 억제하는 것이 비만 치료에 도움이 될 것으로 생각하였다.

실제로 암젠(Amgen)에서 만든 GIP 항체와 GLP-1이 결합되어 있는 약(maridebart cafraglutide 또는 AMG-133으로 알려져 있음)의 경우 체중 감소가 현저하다. 그러나 정반대로 GIP 수용체와 GLP-1 수용체에 모두 자극을 주는 릴리의 터제파타이드도 뚜렷한 체중 감소를 일으킨다. GIP 수용체에 대해서는 자극해야 할지 억제해야 할지, 아니면 뭔가 다른 것이 더 중요하게 작용하는 것인지 수수께끼로 남아 있다.

앞서 설명한 것처럼 GLP-1은 하부 소장의 L-세포에서 분비된다. 음식을 많이 먹거나 위 배출 속도가 빨라서 하부 소장에 흡수가 안 된 음식물이 많이 도달하면 더 많은 GLP-1이 분비된다. 이렇게 많이 분비된 GLP-1은 인슐린 분비를 촉진하고, 위 배출 속도를 줄이며, 포만감을 증가시켜 음식 섭취를 멈추게 하는 브레이크 작용을 한다. 어찌 보면 홍수 방지 시스템이라고도 할 수 있다. 포도당이 장을 통해 너무 많이 들어와서 혈액 중에 홍수를 일으키지 않도록 막는 방책이라고 볼 수 있기 때문이다. 이 같은 맥락에서 우리가 GIP, GLP-1 두 개의 인크레틴 호르몬의 합목적성을 이해할 수 있을 것이다.

5장

비만과 당뇨에서
심장병까지,
호르몬으로 치유하는
만성질환

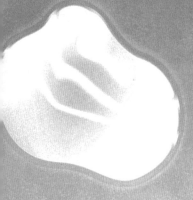

인크레틴 호르몬은
각종 질병의 예방과 치료에 이용된다.
대표적으로 당뇨병 치료제로 사용될 수 있다.
현대 질병의 위험인자인
비만 치료에도 효과적이다.
식욕을 감소시키고 포만감을
증가시키기 때문에 음식 섭취량과 체중을
줄이는 방식이다.

당뇨병, 인슐린을 넘어 인크레틴으로

당뇨병(糖尿病)은 '당(糖)이 소변(尿)으로 빠져나가는 병(病)'이라는 이름처럼 소변에서 포도당이 검출된다. 소변으로 당이 빠져나가려면 혈당이 높아야 하기 때문에 혈당이 높은 병이다.

우리 몸의 혈당은 70~140mg/dL 사이에서 매우 일정하게 유지된다. 이것을 포도당 대사의 항상성이라고 부른다. 혈당을 올리는 호르몬과 혈당을 내리는 호르몬 간의 균형이 이와 같은 항상성을 유지하게 만든다. 혈당을 올리는 호르몬으로는 글루카곤, 코티솔, 에피네프린, 성장호르몬 등이 있으며, 혈당을 낮추는 호르몬으로는 인슐린이 유일하다. 혈당을 낮추는 인슐린이 절대적으로 혹은 상대적으로 부족하면 이들 호르몬 사이의 균형이 깨지면서 혈당이 상승하고, 일정 수준을 넘어서면 당뇨병으로 진단하게 된다.

인슐린이 절대적으로 부족하다는 것은 인슐린을 생산하는 췌장 소도의 베타세포가 거의 다 없어지거나 인슐린을 제대로 만들어내는 능력이 완전히 소실된 상황이다. 인슐린이 상대적으로 부족하다는 것은, 인슐린을 만들어내기는 하지만 공급이 수요를 따르지 못한다는 뜻이다. 상대적인 인슐린 결핍과 관련해서, 인슐린이 많이 생산되어도 인슐린이 표적 장기에서 제대로 작용하지 못하는 경우가 있는데 이를 인슐린 저항성이라고 부른다. 이러한 상태는 공급이 충분하지만, 수요로 하는 조직과 장기에 제대로 작동하지 못하는 것을 의미한다. 가령 택배 차량이 무수히 많지만 배달하고자 하는 지역으로 가는 길이 막혀서 물건 배송에 차질을 빚는 상황과 유사하다. 인슐린이 절대적으로 결핍된 상태를 1형 당뇨병, 인슐린이 상대적으로 부족한 상황을 2형 당뇨병이라고 부른다.

그동안 당뇨병 치료를 위해서 사용한 약제로는 인슐린이 대표적이었다. 다양한 종류의 인슐린이 개발되어 신체에서의 인슐린 분비를 그대로 모방하는 형태의 치료가 가능하다. 24시간 동안 일정하게 분비되는 기저 인슐린이 있고, 또 식사했을 때 다량 분비되는 식사 인슐린을 흉내 내어 빠르게 작용하는 인슐린도 개발되어 있다.

2형 당뇨병 치료에서 약방의 감초 역할을 하는 메트폴민(metformin)이라는 약이 있다. 이 약은 간에서 포도당을 과도하게 생산하는 작용을 억제함으로써 혈당을 낮춘다. 또 설폰 요소제(sulfonylurea)라는 약은 췌장 소도의 베타세포에 작용해서, 보관된 인슐린을 강제로 분비시켜 혈중 인슐린 농도를 올림으로써 혈당을 조절해준다.

인슐린 저항성을 개선하는 약제로는 TZD(thiazolidinedione) 계열 약제가 있다. 이 계열의 약은 PPAR 감마 수용체에 작용해 세포의 인슐린 감수성을 높이는, 즉 인슐린 저항성을 낮추는 작용을 통해 혈당을 조절한다. 최근에는 소변으로 포도당을 배설시켜 혈당을 낮추는 약이 개발되어 널리 이용 중인데, 이를 SGLT-2 억제제라고 부른다.

앞서 장 호르몬 중 인크레틴 호르몬이 포도당 대사와 에너지 대사에 미치는 영향을 자세히 살펴보았다. 인크레틴 호르몬도 당뇨병 치료제로 사용될 수 있을 것으로 짐작할 수 있다. 실제로 다양한 접근법을 통해 임상 진료에 적용되고 있다.

첫 번째 방법은 장에서 분비된 인크레틴 호르몬인 GLP-1과 GIP의 분해를 막는 것이다. 두 호르몬 모두 일단 분비되면 수 분 내 효소에 의해 분해되어 불활성화된다. 이 과정에 관여하는 효소가 DPP-4이다. DPP-4를 억제하면 GLP-1과 GIP가 빨리 분해되지 않고 기능을 오랫동안 유지하면서 인슐린 분비를 촉진하고 글루카곤 분비를 억제한다. 이를 통해 효과적으로 혈당 조절을 할 수 있다. 그러나 이 방법으로는 GLP-1과 GIP 혈중 농도가 최대 두 배 정도까지 증가하는데, 이 정도 수준에서는 식욕을 억제하거나 위장 운동을 떨어뜨리거나 체중을 줄이지는 못한다.

두 번째 방법은 체내에서 빨리 분해되지 않는 GLP-1, GIP 유사체를 만들어 사용하는 것이다. 단독으로 사용할 경우 두 호르몬 중 GLP-1의 혈당 강하 효과가 현저하여, GLP-1을 위주로 약제가 개발되었다. GIP의 경우에는 혈당 조절 효과가 단독으로는 크지 않다. 또한 체중이 늘어날 가능성이 생쥐 실험을 통해 알려졌기 때문에 개발에서 뒷전으로 밀렸었다.

최초로 이용된 것은 아메리카 독도마뱀의 타액에서 추출된 엑센딘-4를 제품화한 엑세나타이드였다. 이후에 사람의 GLP-1을 기반으로 체내 반감기를 점차 늘려가는 방향으로 개발되었다. 리라글루티드(상품명: 빅토자), 둘라글리티드(상품명: 트루리시티), 세마글루티드(상품명: 오젬픽) 등이 여기에 해당한다. 이 중 리라글루티드와 세마글루티드는 용량을 올렸을 때 체중 감소 효과가 현저하여 비만 약제로 승인받았다. '삭센다'와 '위고비'라는 상품명으로 각각 처방된다.

최근에는 GLP-1과 GIP의 작용을 동시에 하는 터제파티드가 개발되었고, 당뇨병 치료제로는 '마운자로', 비만 치료제로는 '젭바운드'라는 이름으로 사용 승인되었다. 2형 당뇨병 환자 중 먹는 약으로 혈당 조절이 잘되지 않는 사람은 주사제를 사용한다. 이때 인슐린에 비해 GLP-1 관련 제제들이 효과적이다. 혈당 강하 효과는 인슐린에 뒤지지 않으면서, 저혈당이 적다. 그리고 인슐린은 체중이 증가하는 반면 GLP-1 제제는 체중을 오히려 줄이기 때문에 인슐린보다 선호되는 경향이 있다. 또 인슐린과 GLP-1의 장점을 모두 얻기 위해 두 약제를 동시에 쓰기도 하고, 하나의 주사기에 두 약제를 섞어서 사용할 수 있는 제형도 개발되어 있다.

체중 감량부터 신진대사 개선까지, 패러다임이 바뀐다

사람은 뼈와 근육으로 골격을 구성하고 각종 장기로 신진대사를 운용하며 지방조직에 잉여 칼로리를 저장한다. 음식으로 섭취한 총 에너지에서 운동과 신진대사에 사용된 에너지를 빼면 잉여 에너지가 되는데, 이것을 효과적으로 잘 저장해두어야 필요할 때 꺼내 쓸 수 있다. 탄수화물과 단백질은 1그램당 4kcal(킬로칼로리)가 저장되지만 지방은 1그램당 9kcal가 저장된다. 따라서 가장 효과적으로 에너지를 저장하는 방법은 지방으로 저장하는 것이다. 탄수화물이나 단백질의 형태로 저장한다면 지방으로 저장하는 것에 비해 두 배 넘는 중량이 몸에 추가되기 때문이

다. 소모하는 양을 초과하는 에너지를 섭취하면 지방조직
이 늘어나는데, 체지방이 일정량 이상 늘어난 상태를 비만
이라고 부른다.

체지방량을 정확히 측정하기 어렵기 때문에 대개는 체
질량지수를 계산해서 비만 여부를 판단한다. 자신의 체중
(kg)을 키(m)의 제곱으로 나누면 된다. 예컨대 170cm 키에
87kg 체중이면 87을 1.7의 제곱으로 나누면 된다. 이 경우
30.1인데, 이 정도면 비만이라고 진단할 수 있다. 미국의 경
우, 체질량지수 25 이상을 과체중, 30 이상을 비만이라고
한다. 우리나라를 포함한 동양에서는 이보다 낮은 수치에
서 각종 대사 관련 질환 발생이 증가하기 때문에 체질량지
수 23 이상을 과체중, 25 이상을 비만이라고 부른다.

그런데 체질량지수 26에 해당하는 한국인을 비만이라
평가하기가 애매하다. 또 사망률 통계를 보면 체질량지수
23~25 사이에서 가장 낮은 사망률을 보이기 때문에, 좋
은 체질량지수에 대해서는 논란이 있다. 개인적으로는 당
뇨병, 고혈압, 이상지질혈증 등의 대사 관련 질환이 있다면
이러한 질환 위험이 상승하기 시작하는 체질량지수 23보

다 낮은 수치를 유지하는 것이 좋고, 그렇지 않다면 과체중으로 분류하는 23~25 사이를 유지하는 것도 괜찮다고 본다. 하지만 자신의 체중을 늘리거나 줄이는 것은 너무나도 어려운 일이다.

2022년 기준으로 전 세계 인구의 43%가 과체중, 16%가 비만이다. 물론 이 비율은 나라, 지역에 따라 큰 차이가 있다. 우리나라도 비만 인구가 급증하고 있다. 20세 이상 성인을 기준으로 체지량지수 25 이상인 비만 인구는 2021년에 38.4%이다. 남녀로 나누면 남성의 49.2%, 여성의 27.8%가 비만에 해당한다. 그러나 세계적인 기준인 체질량지수 30을 적용하여 비만율을 내면 남성은 8.3%, 여성은 5.7% 수준이다. 걱정스러운 것은 2012년과 비교했을 때 초고도 비만이라고 할 수 있는 체질량지수 35 이상 인구가 남성은 3.5배, 여성은 2.3배로 크게 증가하고 있다는 점이다.

비만은 당뇨병, 고혈압, 이상지혈증, 심혈관 질환뿐만 아니라 각종 암의 위험인자로 알려져 있다. 원인이 아니고 위험인자라고 말하는 것은, 비만하다고 해서 모든 사람이다 병에 걸리는 것은 아니기 때문이다. 퇴행성관절염, 불임 혹은 난임, 수면무호흡증, 지방간 등 수많은 병이 비만과 관련되어 있다. 정서적 측면에서도 비만은 우울, 불안, 자존감 저하, 사회적 낙인과 차별 등과 연관되고 섭식 장애(과도한 다이어트, 폭식·거식증 등)로 이어질 위험이 있다.

수많은 비만 약제가 개발되었고, 상당수가 부작용 등의 문제로 시판이 금지되었다. 이런 이유로 비만 약제는 '개발자의 무덤'이라는 악명이 따라붙는다. 1930년대에는 마약인 암페타민을 비만 치료에 사용한 바 있으나, 중독과 부작용 등으로 곧 사용이 중단되었다. 1990년대에는 펜펜(Fen-Phen)이라는 약이 개발되어 사용되었으나 심장 판막 질환과 폐동맥 고혈압이 발생하여 사용이 중지되었다. 2010년대에는 로카세린(lorcaserin)이 개발되었으나 2020년에 암 발생 증가 우려로 시장에서 철수하였다.

현재 사용 중인 비만 약을 보면, 1959년에 개발된 펜터민(phentermine)이 단기간 사용할 수 있도록 되어 있고, 1999년에 승인된 지방 흡수 억제제인 오르리스타트(orlistat)가 있다. 그런데 이 약제는 지방 흡수가 억제되면서 지방변 등의 불편이 있어서 널리 쓰이지는 못한다. 이러한 비만 약제들은 식이요법, 운동요법에 추가로 사용할 경우 3~5% 정도의 체중 감소가 일어난다. 즉 100kg인 사람이 식이요법, 운동요법을 했을 때 5kg 정도 체중이 줄어든다면 이 약제를 쓰면 추가적으로 3~5kg 정도 빠진다.

최근에는 서로 다른 기전을 가지는 약제를 혼합하여 만든 복합제가 소개되어 이용되고 있다. 펜터민/토피라메티트(phentermine/topiramate)가 큐시미어(Qsymia)라는 상품명으로, 부프로피온/날트렉손(bupropion/naltrexone)이 콘트라브(Contrave)라는 이름으로 처방된다. 이 복합제들은 5~10% 정도의 체중 감량을 일으킨다. 100kg인 사람이 복용하면 90~95kg으로 체중을 줄일 수 있는 것이다. 하지만 20~30%의 체중 감량을 원하는 사람이 많기 때문에 이 약제에 크게 만족하지 못하는 경향이 있다. 따라서 더욱 강력한 약제에 대한 수요가 항상 존재한다.

GLP-1은 중추신경에 작용하여 식욕을 감소시키고 포만감을 증가시키기 때문에 음식 섭취량과 체중을 줄일 수 있다. 기존에 당뇨병 치료를 위해 개발한 약제들은 혈당 강하 기능은 우수하지만, 체중은 3~5% 정도 빠지는 수준이었다. 그런데 약제 용량을 올리면 체중이 빠질 것이라 예상했지만, 용량을 올리면 부작용으로 메스꺼움, 구토, 설사 등이 나타나는 경우가 많아서 어려움이 있었다. GLP-1이 당뇨병 치료제에서 비만 치료제로 변신하게 된 과정이 여기에 있다. 결국 용량을 올리되, 부작용을 줄이는 방안을 개발한 것이다.

리라글루타이드는 사람의 GLP-1을 기반으로 하여 반감기를 늘린 약물로, 하루 한 번 주사로도 충분한 혈당 조절 효과를 나타냈다. 그러나 리라글루타이드의 개발 과정에서 용량을 올리면 체중이 상당히 감소한다는 부가 효과가 발견되었다. GLP-1이 중추신경계에 작용하여 식욕을 감소시키고 포만감을 증가시켜, 결과적으로 음식 섭취를 줄이고 체중을 감소시키는 것이다. 리라글루타이드의 체중 감소 효과는 임상 의사들 사이에서 주목받기 시작했고, 이는 GLP-1 유사체를 비만 치료제로 개발하는 계기가 되었다. 이후, 용량을 높여 체중 감소 효과를 극대화한 리라글루타이드가 삭센다라는 이름의 비만 치료제로 승인되었다. 삭센다는 1일 1회 주사로 사용되며, 비만 환자들에게 9~10%의 체중 감소를 보인다.

리라글루타이드의 사촌뻘인 세마글루타이드는 주 1회 주사로도 강력한 혈당 조절과 체중 감소 효과를 나타낸다. 세마글루타이드는 비만 치료제로서도 높은 잠재력을 인정받아, 용량을 높인 비만 치료제 '위고비'로 승인되었다. 이 약제는 임상시험에서 약 15%의 체중 감량 효과를 보였다.

최근에는 터제파타이드가 당뇨병 치료제와 동일한 용량에서도 현저한 체중 감량 효과를 보였고 젭바운드라는 이름으로 비만 치료제로 승인되었다. 이는 GLP-1에 GIP의 효과까지 더한 약인데, 정확히 어떤 기전에 의해서 체중 감량에 뛰어난지는 아직 확실히 밝혀지지 않았다. 그러나 식욕을 억제하고 포만감을 증가시킨다는 점에서는 공통점이 있다. 임상시험에서 약 20%의 체중 감량 효과를 보였다.

그러나 모든 GLP-1 관련 제제가 용량을 올린다고 체중이 감소하는 것은 아니다. 우리나라에서 2형 당뇨병 치료제로 널리 쓰이는 둘라글루타이드(dulaglutide)의 경우에 주 1회 0.75mg 및 1.5mg 제형이 있는데, 용량을 4.5mg까지 올리면 혈당은 더욱 많이 감소하는데, 추가적인 체중 감량 효과는 미미하였다. 약제의 구조가 체중 감량에는 유리하지 않은 면이 있지 않나 추정된다.

결론적으로 GLP-1 유사체는 비만 치료제의 새로운 패러다임을 제시하고 있다. 이는 단순히 혈당을 조절하는 것에서 벗어나, 체중 감량을 통해 전반적인 대사 건강을 개선하는 데 기여한다. 이러한 GLP-1 유사체의 변신은 당뇨병 치료제에서 비만 치료제로의 새로운 가능성을 열어주었다.

비만은 당뇨병, 고혈압, 이상지혈증,
심혈관 질환뿐만 아니라
각종 암의 위험인자로 알려져 있다.
원인이 아니고 위험인자라고 말하는 것은,
비만하다고 해서 모든 사람이
다 병에 걸리는 것은 아니기 때문이다.

고지혈증, GLP-1 제제의 새로운 가능성

우리 몸에서 탄수화물, 단백질, 지방이라는 3대 영양소의 대사 과정은 긴밀히 연결되어 있다. 특히 탄수화물과 지방 대사는 더욱 긴밀히 연결되어 있다. 이 두 가지는 우리 몸이 주된 연료로 사용하는 것이다. 지방을 많이 섭취하면 혈중 지방산 농도가 상승하면서, 인슐린의 작용을 방해하는 소위 인슐린 저항성을 유발할 수 있다. 그리고 근육에도 지방이 축적되면서 근육에 대한 인슐린의 작용이 더욱 감소한다. 따라서 고혈당으로 이어진다. 당분이 많이 포함된 음식을 먹으면 간에서 지방으로 전환되어 혈중 중성지방이 상승할 수 있는 것이다.

우리 핏속에 돌아다니는 지방질 혹은 지질, 즉 기름 성분은 콜레스테롤과 중성지방 두 가지이다. 이들은 기름 성분이기 때문에 주로 물로 이루어진 핏속에서 섞이지 못하고 둥둥 떠다닌다. 따라서 이들을 붙잡아서 원하는 곳으로 수송하는 차량이 필요한데, 이것을 지단백(lipoprotein)이라고 한다. 지단백이 콜레스테롤과 중성지방을 잘 포장해서 목적지까지 무사히 배송하는 역할을 한다.

유리지방산(free fatty acid)이라는 것은 중성지방이 분해되어 만들어지는데, 농도가 높으면 독성을 일으킬 수 있다. 유리지방산은 극성이 있어서 핏속에서는 알부민이 이들을 흡착해서 안전하게 끌고 다니면서, 필요한 곳에 연료로 공급해준다.

지단백은 여러 종류가 있지만, 그중 우리는 두 가지만 알면 된다. 바로 밀도가 높은 고밀도지단백(HDL, high density lipoprotein)과 밀도가 낮은 저밀도지단백(LDL, low density lipoprotein)이다. 고밀도지단백은 말초조직으로부터 콜레스테롤을 간으로 운반하는 작용을 하고, 저밀도지단백은 간으로부터 말초조직으로 콜레스테롤을 운반하는 작용을 한다. 말초조직에서 콜레스테롤이 쌓이지 않고 간으로 배송하는 역할을 하는 고밀도지단백은 좋은 지단백으로 분류되고, 말초조직으로 콜레스테롤을 배송하는 저밀도지단백은 나쁜 지단백으로 분류된다. 이때 중성지방도 잘 포장되어 쌍방향으로 배송이 일어난다. 좋은 지단백인 고밀도지단백이 고지혈증 환자에서 감소하는 경우가 많아서, 이러한 전체적인 양상을 표현하기 위해, 이상지질혈증이라는 말을 자주 쓴다.

우리가 건강검진을 받은 후, 총 콜레스테롤, 중성지방, HDL 콜레스테롤, LDL 콜레스테롤 수치 정보를 얻는다. 총 콜레스테롤은 각종 지단백에 포함된 모든 콜레스테롤을 말하는 것이고, 중성지방은 마찬가지로 각종 지단백에 포함된 모든 중성지방을 말하는 것이다. HDL 콜레스테롤은 고밀도지단백에 함유된 콜레스테롤을 의미하며, LDL 콜레스테롤은 저밀도지단백에 함유된 콜레스테롤을 의미한다.

콜레스테롤 자체는 좋고 나쁘고가 없는데, HDL 즉 고밀도지단백은 좋은 역할을 하기 때문에 여기에 포함된 콜레스테롤은 좋은 것으로, 반대로 LDL 즉 저밀도지단백은 나쁜 역할을 자주 하기 때문에 여기에 포함된 콜레스테롤은 나쁜 콜레스테롤로 여기는 경우가 많다. 사실 콜레스테롤 입장에서는 억울할 수 있겠지만, 어느 택배사(지단백) 소속인지에 따라서 좋고 나쁘고가 결정된다고 보면 된다.

포도당과 마찬가지로 지방 섭취도 사람과 설치류에서 GLP-1의 분비를 자극하며, GLP-1은 지방의 흡수를 조절해 식후 혈중 지질 수치를 조절한다. GLP-1을 쥐에 정맥으로 주입하면 중성지방의 흡수 감소와 함께 장으로부터 지질을 운반하는 킬로미크론 생성이 감소한다.

최근 개발된 세마글루타이드나 터제파타이드는 중성지방뿐만 아니라 총 콜레스테롤, LDL 콜레스테롤 수치까지 낮춘다. 따라서 GLP-1 제제는 고지혈증/이상지혈증 영역에서도 유망한 치료법으로 활용될 수 있을 것으로 보인다. 실제로 당뇨병이 없는 비만 혹은 과체중인 사람에게 세마글루타이드(위고비) 2.4mg을 주 1회 68주간 투여했을 때 체중이 약 15% 감소하였고, 총 콜레스테롤 약 5.3%, 중성지방 약 6.4% 감소했다. 또 LDL 콜레스테롤이 약 4.9% 감소하였고, HDL 콜레스테롤은 약 5.8% 증가하였다. 즉 모든 혈중 지질 수치가 건강에 도움이 되는 방향으로 개선된 사실을 알 수 있다.

심혈관 질환,
호르몬으로 죽음의 전령을 막다

2형 당뇨병 환자의 경우, 무려 3분의 1이 심혈관 질환을 겪을 만큼 당뇨병과 심혈관 질환은 매우 밀접한 관계를 지닌다. 심혈관 질환의 대부분은 죽상동맥경화성 심혈관 질환이다. 혈관 내피세포 아래의 콜레스테롤과 같은 지질 성분이 죽 모양으로 쌓여서 혈관을 좁아지게 만들거나, 드물게는 지질 성분이 혈관 안쪽으로 터져 나오면서 갑자기 혈전(피떡)이 생겨서 혈관을 막아 치명적인 결과를 낳게 된다.

죽상경화(atherosclerosis)는 흔히 동맥경화(arteriosclerosis)로 알려져 있는데, 동맥경화는 동맥벽이 탄성을 잃어버려

딱딱하게 굳어지는 것이고, 죽상경화는 동맥의 혈관벽 가장 안쪽에 있는 내피세포 아래 콜레스테롤과 같은 지질 성분이 죽 모양으로 축적되어서 혈관 내경을 좁게 만드는 병을 말한다.

죽상동맥경화증이 있는 사람에게서 죽 모양의 지질 성분이 혈관 안쪽으로 터져 나오면, 이것을 막기 위해 혈소판이 일차적으로 달라붙는다. 여기에 피브린(fibrin)과 혈구 성분이 추가로 달라붙음으로써 혈전을 만들어 혈관을 막아 피가 통하지 않는 사고가 발생하게 되는데, 그 결과로 일과성 허혈 발작, 뇌졸중, 심근경색 등 치명적인 상황이 일어난다. 이를 통칭하여 '심혈관 사건(cardiovascular events)'이라 부른다.

2형 당뇨병이 있는 사람은 2형 당뇨병이 없는 사람에 비해 심혈관 사건이 2~3배 더 많이 발생한다. 똑같이 고혈압, 고지혈증이 있더라도 당뇨병이 있다면 심혈관 사건 발생이 훨씬 높다는 뜻이다. 지난 몇십 년 동안 심혈관 질환의 위험인자 관리 개선과 당뇨병 관련 사망률 감소에도 불구하고, 당뇨병 환자에게서 여전히 죽상경화성 심혈관 질환 발생과 이에 따른 사망률이 높게 유지되고 있다.

임상시험으로 증명되기 전에도, GLP-1이 심혈관 보호 작용을 할 것이라는 추측은 다양한 동물실험을 통해 알려졌다. 그러나 실제 임상 결과는 달랐다. 최근 급성 관동맥 증후군(acute coronary syndrome)을 앓은 2형 당뇨병 환자를 대상으로 단시간 작용하는 GLP-1 유사체인 릭시세나타이드(lixisenatide)의 효과를 관찰한 ELIXA 연구를 진행했다.[6] 그 결과 심혈관 질환 발생 위험을 증가시키지는 않았지만, 그렇다고 해서 심혈관 보호 작용이 나타난 것도 아니었다. 아마도 릭시세나타이드는 혈중 반감기가 3시간 남짓으로 짧아서 충분한 심혈관 보호 작용을 나타내지 못했던 것으로 보인다.

이와 반대로 장시간 작용하는 GLP-1 유사체인 리라글루타이드(liraglutide), 세마글루타이드(semaglutide), 알비글루타이드(albiglutide), 둘라글루타이드(dulaglutide)는 각각 심혈관 질환을 겪거나 고위험군인 2형 당뇨병 환자로부터 위약 대비 심혈관 사건의 발생을 13~26% 정도 유의하게 감소시켰다. 특히 세마글루타이드는 당뇨병이 없는 비만인

중 체질량지수 27 이상이면서 하나 이상의 비만 관련 동반 질환이 있거나 체질량지수가 30 이상이면서 심혈관 질환 이력이 있는 환자를 대상으로 한 임상에서 심혈관 질환 위험을 20%나 줄였다. 이들 약제는 혈중 반감기가 길어서 하루 1회 혹은 주 1회 주사를 통해 하루 내내 충분한 혈중 농도를 유지하도록 돕는다.

그렇다면 GLP-1이 심혈관 보호 작용을 나타내는 기전은 무엇일까? GLP-1 수용체는 다양한 심혈관 조직에서 발견되며, GLP-1은 혈압, 콜레스테롤 수치, 식후 중성지방과 혈당 수치, 혈액응고 및 염증 등을 감소시키며 혈관내피 세포의 기능을 개선한다. 이러한 사실들이 종합적으로 작용하여 심혈관 보호 작용을 나타내는 것으로 보인다. 당뇨병과 심혈관 질환 관리에 대한 여러 학회의 임상 가이드라인에서는 2형 당뇨병 환자가 죽상경화성 심혈관질환을 겪거나 이에 대한 높은 위험도가 있다면 GLP-1 제제를 사용할 것을 권장한다.

콩팥병, 슈퍼 호르몬으로 치료하기

당뇨병성 신장 질환(DKD)은 당뇨병의 대표적인 합병증이다. 소변으로 알부민이 새어 나가거나, 사구체 여과율(신장의 여과 능력)이 감소하고, 말기 신부전에 이르면 투석 혹은 신장 이식이 필요하게 된다. 전 세계적으로 7억 명의 사람이 당뇨병성 신장 질환이 있다. 이들은 당뇨병이 없으면서 신장 질환이 있는 사람에 비해 전체 사망 위험이 3배나 높다고 보고된 바 있다.

당뇨병성 신장 질환은 일단 발생하면 진행하는 특성이 있는데, 여기에는 혈역학적·대사적·염증성 경로가 복합적으로 작용한다. 진행을 막기 위해서는 레닌-안지오텐신 억제제, SGLT-2 억제제, 비스테로이드성 미네랄코르티코이드 수용체 길항제 등을 사용한다.

GLP-1 제제는 당뇨병 치료제로 개발하는 과정에서 콩팥 합병증 악화를 유의하게 감소시킨다고 관찰되었다. 특히 알부민이 소변으로 비정상적으로 빠져나오는 것을 의미하는 알부민뇨를 감소시키는 작용이 뚜렷하다는 점이 드러났다. 일부 연구에서는 사구체 여과율 감소를 지연시켰다. GLP-1은 신장에 존재하는 GLP-1 수용체에 작용하여 신장을 보호하는 역할을 한다. 주요 기전으로는 나트륨 배설 촉진과 항염증 작용이 제시되고 있다.

최근에는 세마글루타이드가 당뇨병성 신장 질환에 효과가 있는지를 별도로 확인하기 위한 임상시험 결과가 발표되었는데, 이 연구는 'FLOW'라고 한다.[7] 당뇨병성 신장 질환에서 세마글루타이드의 효능과 안전성을 평가하기 위해 설계된 최초의 임상시험이다. 이 연구에서는 2형 당뇨병과 콩팥병을 동반한 환자들을 대상으로 신장 기능 감소와 관련된 지표를 24% 감소시켰고 동시에 주요 심혈관 사건 발생률을 약 30% 감소시켰다.

최근까지 당뇨병성 신장 질환에 대해서는 마땅한 치료가 없어서, 환자의 신장 기능이 점차 떨어져 결국은 말기 신부전이 되어 투석 혹은 신장 이식에 이를 때까지 속절없이 두고 봐야만 했다. 그런데 GLP-1 제제를 포함해 좋은 약제들이 점차 등장하면서 환자들에게 큰 희망이 되고 있다.

지방간, 식이와 운동요법의 한계를 극복하다

현대인은 스스로 지방간을 만들고 있다. 지방간은 말 그대로 간에 지방이 비정상적으로 많이 끼어 있는 상태를 말한다. 전 세계적으로 지방간의 유병률은 30%이며 남성이 여성보다 유병률이 높다. 지방간의 유병률은 지역과 검사 방법에 따라 다양하게 나타나는데, 과거에 비해 최근 가파른 속도로 증가하고 있다.

63개의 관련 연구를 종합하여 메타 분석한 결과, 지방간의 발생률은 2000년에는 약 1000명을 1년간 관찰하면 약 20건이었는데, 2015년에는 이 수치가 70건으로 증가했다. 지방간이 잘 생기게 하는 위험 인자로는 비만, 고혈압,

이상지질혈증, 2형 당뇨병 등이 있다. 이러한 위험 인자를 2가지 이상 가지면 단순 지방간이 아니라 간에 염증을 동반하는 지방간염이 발생하는 위험도 증가한다.

지방간염은 간경변증(또는 간경화) 및 간암의 위험을 증가시키는 것으로 잘 알려져 있다. 지방간의 위험인자를 살펴보면 결국 비만이 중요한 역할을 한다는 것을 알 수 있다. 결국 푸아그라를 만들기 위해 거위를 일부러 살찌우는 방법처럼 우리도 많이 먹고 적게 움직여 스스로 지방간을 만들고 있는 것이다.

지방간의 치료에서 식이요법과 운동요법을 통한 체중 감량은 중요하다. 그런데 식이요법과 운동요법을 막상 실천하기는 너무나도 어렵다. 따라서 약제를 이용한 치료법 개발에 전 세계의 많은 제약회사가 매진하고 있다. 현재까지는 PPAR 감마 수용체에 작용하는 TZD 계열의 약제 중 피오글리타존이 어느 정도 효과를 보였다. 수많은 치료 타깃을 발굴하여 그에 상응하는 약제 후보군을 발견하고 있으며, 동물 실험 및 임상시험을 통해 개발 중이다.

GLP-1 제제는 동물과 사람 연구에서 간 내 지방을 감소시키는 것으로 알려졌다. 체중 감소와 함께 간의 새로운 지방 합성을 억제하고, 지방산 산화를 증가시키며, 간으로의 지질 성분 유입을 감소시킨다. 아울러 간의 염증을 줄이고 약제에 따라서는 간 섬유화를 감소시키는데, 이것은 간에 대한 직접적인 작용이라기보다는, 체중 감소, 인슐린 감수성 향상 그리고 전신 및 조직 염증의 감소와 관련이 있다. 일라이 릴리는 GLP-1 유사체 비만 치료제인 젭바운드(성분명 티르제파티드)가 비알코올성지방간염(NASH) 환자에게 효과적이라는 연구 결과를 내놨다.

6장

끝없는 가능성의 세계, 슈퍼 호르몬이 이끄는 두뇌 혁명

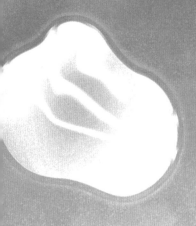

장 호르몬은 강력한 체중 감소를 통해
수면 무호흡 치료에 도움을 준다.
그리고 파킨스병과 같은
신경계 질환에도 효과적이다.
치매 발병률을 낮출 가능성도 나타났다.
각종 중독 개선에도 효과를 보일 수 있다는
기대 속에서 관련 연구가 진행 중이다.

수면 무호흡증, 수면의 질과 생명을 지키다

픽위크 증후군(Pickwickian syndrome)이라는 병명이 있다. 픽위크 증후군은 비만과 관련된 호흡 장애로, 심각한 경우에는 호흡 부전으로 이어질 수 있다. 현재는 이를 비만 저환기 증후군(Obesity Hypoventilation Syndrome, OHS), 쉽게 말해서 수면 무호흡증이라고 부른다. 잘 때 코골이를 하다가 "커억"하면서 숨이 멈추고, 한참 동안 숨을 쉬지 않는 경우를 말한다.

픽위크 증후군이란 이름의 유래는 영국의 소설가 찰스 디킨스가 1836년에 발표한 소설에서 찾을 수 있다. 이 소설에 조(Joe)라는 인물이 등장하는데, 비만하고, 항상 졸고, 깨우기 어렵고, 코를 골며, 말초 부종이 있다고 묘사되어 있다. 소설이 출판된 지 120년이 지난 후에야 의사들은 이러한 증상들이 서로 연관되어 있는 하나의 증후군이라는 것을 알게 된다.

수면 무호흡증은 여러 가지 심각한 의학적 문제를 일으킬 수 있다. 우선 심혈관 질환의 위험이 크다. 고혈압, 관상동맥 질환, 심부전, 부정맥, 뇌졸중 등의 위험이 크게 증가한다. 2형 당뇨병 위험도 매우 높다. 폐동맥 고혈압도 유발한다. 픽위크 증후군에서 설명한 것처럼 낮 동안에 계속 졸리는 증상으로 인해 교통사고나 산업재해의 위험이 커진다. 회의를 시작하자마자, 지하철 의자에 앉자마자 졸음이 쏟아진다는 이야기를 흔히 듣는다. 수면 중 무호흡이 발생하면 우리 몸은 숨이 막히는 생명의 위협을 느끼고 깊은 수면에 들지 못한다. 그래서 수면의 질이 떨어지며 낮에 졸리고 항상 피곤하다.

치료를 위해서는 식이요법과 운동요법으로 체중 감량을 하는 게 필요하다. 하지만 식이요법, 운동요법은 어렵다. 따라서 지속적으로 양압기(CPAP)를 사용한다든지, 혀가

기도를 막지 못하도록 구강 내 장치를 사용한다든지, 수면 중 기도를 막는 입속의 연부조직을 수술로 제거하는 등의 치료를 한다. 음주나 진정제 복용이 수면 무호흡을 악화시키는 경우가 있으므로, 술과 진정제를 피하는 것이 좋다. 그리고 비만 대사 수술 후에 수면 무호흡증이 크게 개선된다고 보고된 바 있다.

최근 개발된 GLP-1 제제의 경우, 강력한 체중 감소가 나타나 수면 무호흡에도 좋은 효과가 생길 가능성을 보여주었다. 실제로 GLP-1/GIP 수용체에 대한 이중 작용제인 터제파타이드를 이용한 SURMOUNT-OSA라는 연구가 수행되어, 이 약제의 수면 무호흡에 대한 효과와 안전성을 살펴보았다.[8]

중등도에서 중증의 수면 무호흡증을 동반한 비만 환자를 양압기를 사용하는지 여부에 따라 2개의 연구로 나누어 진행했는데, 대략 수면 중 시간당 무호흡 발생 횟수는 50회 정도였고, 체질량지수는 약 $39kg/m^2$으로 매우 비만하였다. 52주간 터제파타이드를 투약했을 때 시간 당 무호흡 발생 횟수는 25~30회 정도 감소하였다.

이 연구에서 터제파타이드는 체중을 평균 20% 정도 줄였는데, 이러한 큰 체중 감소가 수면 무호흡증을 개선한 것으로 보인다.

답이 없는 질환,
파킨슨병에 브레이크를 걸다

평균 수명이 길어진 시대를 사는 사람들이 가장 두려워하는 병 중 하나가 신경계 질환이다. 뇌졸중, 파킨슨병, 알츠하이머병…. 이름만 들어도 끔찍하다. 하지만 상당수 신경계 질환은 노화에 따른 퇴행성 질환이어서, 딱히 예방하거나 치료할 방도가 없다. 그런데 신경계 질환에 GLP-1이 효과적이라는 희소식이 들린다.

GLP-1 수용체는 중추신경계와 말초신경계에 광범위하게 발현된다. GLP-1은 신경세포 전구세포로부터 신경세포와 신경교세포(glial cells)가 새롭게 만들어지는 것을 돕고 시냅스(synapse)의 가소성을 증가시킨다. 또 신경세포의 생존을 증가시키고 도파민 합성에 핵심적인 효소인 티로신 가수분해효소(tyrosine hydrolase)를 증가시킨다. GLP-1은 알츠하이머병, 파킨슨병, 뇌졸중, 헌팅턴병, 근 위축성 측삭경화증 및 당뇨병성 신경병증의 동물 모델에서 상당한 신경 보호 효과를 보여주었다. 일부에서는 GLP-1의 분해를 막는 DPP-4를 억제했을 때에도 비슷한 효과가 나타났다.

이와 같이 발병 기전이 서로 다른 다양한 퇴행성 신경 질환에서 GLP-1이 효과를 나타내는 것은 신경세포가 손상에 이르는 공통된 기전에 관여하기 때문일 가능성이 있다. 또한 이러한 효과들은 모두 동물실험에서 보고된 것이기 때문에 사람에 적용하기 위해서는 추가 연구가 필요하다. 현재까지의 심혈관 안전성 연구를 살펴보면 세마글루타이드와 둘라글루타이드가 뇌졸중 위험을 감소한다고 알려진 바 있다. 그러나 뇌졸중 발생 위험 감소를 목표로 한 임상시험은 여태껏 수행된 적이 없다.

파킨슨병(Parkinson disease, PD)은 도파민성 신경세포의 손실로 인해 발생하는 진행성 신경 퇴행성 질환으로,

1817년 제임스 파킨슨(James Parkinson)에 의해 '떨림 마비(shaking palsy)'로 처음 기술되었다. 평균 진단 연령은 약 70세 전후이다. 전통적으로 떨림, 강직, 자세 불안정, 움직임이 느려짐 등 주요 운동 증상에 기반한 운동계 질환으로 여겨졌으나, 현재는 장애를 유발하는 다양한 운동 기능과는 무관한 증상을 포함한 복잡한 질환으로 인식되고 있다.

마땅한 치료법이 없는 상태에서, 2024년 4월 학계에서 반가운 소식이 전해졌다. 《뉴잉글랜드 의학저널》에 GLP-1 제제의 하나인 릭시세나타이드(lixisenatide)가 파킨슨병의 운동 증상 악화를 막아준다는 사실이 논문으로 발표된 것이다.

그동안 당뇨병과 파킨슨병이 연관 있다는 보고가 여럿 있었다. 당뇨병이 있는 사람은 당뇨병이 없는 사람에 비해 파킨슨병에 걸릴 확률이 약 40% 높다. 또한 파킨슨병과 당뇨병을 모두 있는 사람은 당뇨병 없이 파킨슨병만 가진 사람들보다 증상 악화 속도가 더 빠르다. 현재까지 파킨슨병의 진행을 억제하는 약은 없다. 기존에 쓰고 있는 약물들은 단지 증상을 완화시켜주는 차원의 약이다.

릭시세나타이드는 GLP-1 계열의 약제로서 글로벌 제약 기업인 사노피(Sanofi)가 개발하여 2016년 미국식품의약국의 승인을 받은 약제인데, 2023년 판매가 중단되었다. 릭시세나타이드는 아메리카 독도마뱀의 타액에서 분리되어 만들어진 엑세나타이드와 유사한 구조를 가지고 있다. 이 약은 우리나라에서도 승인되어 판매되었으나 시장에서 철수하였고, 현재는 장시간 작용 인슐린인 란투스(Lantus)에 혼합되어 솔리쿠아(Soliqua)라는 이름으로 처방되고 있다.

프랑스에서 수행된 릭시파크(LIXIPARK)라고 명명된 연구는 152명의 초기 파킨슨병 환자를 대상으로 무작위, 이중 맹검, 위약 대조 임상시험을 통해 이루어졌다.[9] 연구 참가자들은 릭시세나타이드 또는 위약을 12개월 동안 투여받았다. 그 결과, 리시세나타이드 그룹의 운동 장애 점수(MDS-UPDRS 파트 III 지표로 측정함: Movement Disorder Scale-Unified Parkinson's Disease Rating Scale Part III)는 거의 변동이 없는 반면, 위약 그룹은 점수가 유의미하게 증가한 것으로 나타났다. 혹시 이런 효과가 약제의 작용으로 일시적으로 유지된 것인지 보기 위해, 2개월의 약물 중단 후에 관찰했을 때에도 릭시세나타이드 그룹은 위약 그룹보다 더 낮은 점수를 기록했다. 그러나 이 연구에서 사용한 지표로 3점 정도의 차이에 불과한 결과이다. 이 정도 점수 차이라면 일반인들이 알아채기 어려운 수준이다. 만일 1년 이상 투여했을 때 이러한 차이가 누적된다면 큰 차이를 보일 가능성이 있다는 점에 희망은 있다.

릭시파크 연구 이전에도 소규모로 진행된 2개의 연구에서 GLP-1 약물이 파킨슨병에 유익하다는 보고가 있었다. 2013년에 45명의 환자를 대상으로 한 단일 맹검 시험에서 엑세나타이드가 유의미한 통계적 이점을 보였다. 하지만 운동 기능에 대한 점수 차이는 2.7점에 불과했었다. 2017년에는 참가자 62명을 대상으로 한 작은 단일 센터 무작위 시험에서 더 긴 추적 관찰 기간을 두고 주 1회 엑세나타이드 제형을 투여한 결과 유익한 효과가 나타났었다.

요컨대 GLP-1 계열 약물이 파킨슨병의 진행을 억제할 가능성이 있으며, 이는 앞으로 장기간 연구를 통해 규명되어야 할 부분이다. 또한 연구에서 사용되었던 릭시세나타이드나 엑세나타이드보다 훨씬 강력한 세마글루타이드나 터제파타이드를 사용할 경우 어떤 효과가 있는지도 연구해볼 가치가 있다.

평균 수명이 길어진 시대를 사는 사람들이
두려워하는 병 중 하나가 신경계 질환이다.
상당수 신경계 질환은
노화에 따른 퇴행성 질환이어서,
딱히 예방하거나 치료할 방도가 없다.
그런데 신경계 질환에 GLP-1이
효과적이라는 희소식이 들리고 있다.

치매, 두뇌 노화의 실마리를 푸는 GLP-1

알츠하이머병(Alzheimer disease, AD)은 원인과 발병 기전이 불확실한 신경 퇴행성 질환이다. 주로 노인에게 발병하며 노인성 치매의 가장 흔한 원인이다. 초기의 임상 증상은 선택적 기억 장애로 나타난다. 서술적 일화 기억이라고 불리는 특정 시간과 장소에서 일어난 사건의 기억이 심각하게 손상을 받는다. 특히 최근에 일어난 일을 잘 기억하지 못한다. 시공간에 대해 인지하는 능력의 손상도 비교적 일찍 나타난다. 언어 능력 결핍은 질병 진행 과정에서 나중에 나타나는 것이 일반적이다.

일부 증상을 완화할 수 있는 치료법은 있지만, 완치 방법은 없으며 모든 환자에서 결국은 병이 진행된다. 미국식품의약국이 잠재적으로 질병 경과를 양호하게 만들 수 있는 소위 질병 수정 요법(disease modifying treatment)으로 베타 아밀로이드 플라크를 표적으로 삼아 제거하는 단클론 항체인 레카네맙(lecanemab)과 도나네맙(donanemab)을 각각 '레켐비(Leqembi)'와 '키순라(Kisunla)'로 승인함에 따라, 앞으로 인지 장애와 치매가 있는 환자가 알츠하이머병이 확실한지 진단해야 할 필요성이 커졌다.

이들 약제를 쓰는 데 들어가는 비용도 엄청나다. 12개월 치료하는 데 레켐비는 약 2만 6500달러가 들고, 키순라는 약 3만 2000달러가 든다고 한다.

또한 두 약제 모두 뇌부종과 뇌출혈의 위험을 안고 있어서 주의가 필요하며 이를 위해 뇌의 MRI 검사가 여러 차례 요구된다. 그러나 대개는 국소적인 뇌부종과 미세 출혈 수준으로 나타난다고 알려져 있다.

2형 당뇨병이 있는 경우, 알츠하이머병에 걸릴 위험이 증가한다. 신경세포에서 인슐린의 신호 전달에 문제가 생겨 이와 같은 현상이 나오는 것으로 추정된다. 그동안 전 세계에 걸쳐 여러 연구자가 GLP-1 계열 약물이 알츠하이머병 치료제로 사용될 가능성을 동물실험을 통해 보고한 바 있다.

GLP-1 계열 약물이 사람에게 어떤 영향을 미칠지가 관심사였다. 그런데 2024년 6월 GLP-1 유사체인 리라글루타이드가 치매 발병 위험을 줄인다는 연구 결과가 발표되었다.[10]

노벨상 수상자 선정 위원회가 있는 것으로 유명한 스웨덴 카롤린스카 연구소의 연구자들은 리라글루타이드가 65세 이상 2형 당뇨병 환자의 치매 예방에도 효과가 있을 가능성을 스웨덴 보건위원회 통계를 토대로 살펴보았다. 평균 4.3년을 추적한 결과를 분석했더니, 리라글루타이드를 투여한 환자의 치매 발병률이 1000명 당 6.7명으로 다른 당뇨병 약제인 DPP-4 억제제(1000명당 11.8명) 또는 설폰 요소제(1000명 당 13.7명)를 투여한 경우에 비해 통계적으로 유의하게 낮았다.

그러나 이 결과는 GLP-1 제제가 위약에 비해 치매 발생률을 낮추는지를 살펴본 임상시험을 통해 나온 것은 아니다. 앞으로 추가적인 연구를 통해 확인할 필요가 있다. 하지만 그동안의 동물실험 결과 등을 감안할 때 치매 발병률을 낮출 수 있을 가능성은 있다고 볼 수 있다.

음식 중독을 넘어 알코올 중독까지

'탄수화물 중독'이라는 말이 있다. 과장된 면이 있지만, 현대인들이 당분이 많은 음식을 탐닉하는 것을 빗댄 표현이다. 달달한 음식을 먹으면 기분이 좋아지고 기운이 나는 등 긍정적인 효과로 인해 우리 뇌가 계속해서 이런 종류의 음식을 갈구하는 것이다. 그런데 GLP-1 제제를 쓰면 이와 같은 탄수화물에 대한 갈구와 음식 섭취에 대한 갈구가 줄어든다. 그렇다면 GLP-1 계열 약제가 다른 종류의 중독에도 영향이 있을까?

최근 한 연구는 GLP-1 수용체 작용제, 특히 세마글루타이드가 알코올 사용 장애(alcohol use disorder) 치료에 잠재적인 치료 효과를 보일 가능성이 있는지 알아보았다. 알코올 사용 장애는 여전히 세계적인 건강 관련 부담으로 남아 있으며 효과적인 약물 치료법이 제한적이다.

2형 당뇨병 및 비만 치료에 사용되는 세마글루타이드는 동물 실험과 후향적 코호트 연구 분석에서 알코올 소비를 줄이는 데 효과가 있을 가능성을 보였다. 미국에서 비만인 8만 3825명의 전자 의료 기록을 분석한 결과, 세마글루타이드는 12개월의 추적 관찰 기간 동안 알코올 사용 장애의 발생 및 재발 위험을 50~56% 낮추는 것으로 나타났다. 이 결과는 2형 당뇨병 환자를 포함한 59만 8803명으로 구성된 더 큰 코호트에서도 일관되게 나타났다.[11]

그러나 후향적 코호트 연구는 여러 잠재적인 편향(bias)이 있기 때문에, 전향적인 무작위 배정 임상시험을 통해서 사실 여부를 확인할 수 있다. 불행히도 무작위 대조 임상시험에서는 이러한 사실이 재확인되지 않았다. GLP-1 수용체 작용제의 하나인 엑세나타이드의 효능을 조사한 임상시험에서 엑세나타이드가 특정 뇌 영역에서 알코올 자극 반응을 상당히 완화시켰지만, 위약과 비교했을 때 술을

많이 마시는 날의 수를 유의미하게 줄이지 못했다.[12]

이 시험은 덴마크 코펜하겐에서 26주 동안 127명의 환자를 대상으로 했으며, 엑세나타이드는 표준 인지 행동 치료와 함께 투여되었다. 결론적으로, 초기 관찰 연구와 전임상연구는 세마글루타이드와 같은 GLP-1 수용체 작용제가 알코올 사용 장애 치료에 잠재력이 있음을 시사하지만, 임상시험에서의 증거는 아직 결론에 도달하지 못했다. 최근 개발된 더욱 강력한 GLP-1 계열의 약제를 이용한 임상시험을 거쳐야 중독 치료 효과에 대해 결론을 내릴 수 있을 것으로 보인다.

7장

호르몬의 위대한 여정,
노화까지 늦추는
만병통치약이 온다

GLP-1 치료제의 최종 목적지는 어디일까?
약제 개발에서 초기 단계는
혈당 조절에 중점을 두었다.
이후 비만인의 체중 조절로 목표가 옮겨갔고,
지금은 지방간 관련 질환, 심혈관 질환,
콩팥 질환, 신경 퇴행성 질환 등
다양한 만성 질환이 새로운 타깃이 되고 있다.

GLP-1 수용체 작용제 개발이 빨라지다

GLP-1 제제의 연구사를 살펴보면, 작용 시간 연장으로 주사 횟수를 줄이고 용량을 점차 올려서 혈당 감소제뿐 아니라 비만 치료제로도 처방할 수 있도록 발전해온 것을 알 수 있다. 또 앞서 살폈듯 아메리카 독도마뱀의 타액에서 추출한 펩타이드인 엑센딘-4는 포유류의 GLP-1과 유사한 구조를 가지며, GLP-1 수용체에 결합하여 작용하는 것으로 밝혀졌다. 이는 전혀 예상치 못한 발견이었으나, GLP-1 제제를 이용해 당뇨병과 비만 치료의 혁신을 불러온 기폭제가 되었다.

엑센딘-4를 인공적으로 합성한 엑세나타이드는

2005년 제2형 당뇨병 치료제로 승인됨으로써, 인류에게 처방된 최초의 GLP-1 수용체 작용제가 되었다. 이 약제는 바이에타라는 이름으로 판매되었는데 하루 두 번 주사를 맞아야 했다. 엑세나타이드는 혈당 강하 효과가 뛰어났으며 특히 식후 혈당 조절에 탁월했다. 그러나 이 약물은 혈중 반감기가 약 3시간으로 짧아 아침과 저녁에 두 번 주사를 맞더라도 점심식사 후 혈당을 조절하는 데 어려움이 있었고, 저녁에 맞은 주사 효과가 아침까지 지속되지 않아 공복 혈당 조절에도 한계가 있었다. 따라서 매 식사 전 주사를 맞으면 가장 좋겠지만 다소 번거롭고, 하루 2회 주사만으로 충분한 혈당 강하를 유도할 수 있기에 하루 2회 주사제로 개발되었다.

피하주사용 - 단기 작용 약제

GLP-1 수용체 작용제	승인 연도 및 제품명	기본이 되는 아미노산 서열	기타 주요 구성 요소	혈중 반감기	투약 일정	제약회사
엑세나타이드	2005년(미국), 2006년(유럽) 바이에타	엑센딘-4	없음	3.3~ 4.0시간	하루 2회	아밀린→ 릴리→BMS, 아스트라제네카
릭시세나타이드	2013년(유럽), 릭수미아 2016년 (미국), 아들릭신	엑센딘-4	폴리리신 (poly-lysine) 꼬리	2.6시간	하루 1회	사노피

피하주사용 - 장시간 작용 화합물/제제

GLP-1 수용체 작용제	승인 연도 및 제품명	기본이 되는 아미노산 서열	기타 주요 구성 요소	혈중 반감기	투약 일정	제약회사
리라글루타이드	2009년(유럽), 2010년(미국) 빅토자	포유류 GLP-1	유리 지방산	12.6~ 14.3시간	하루 1회	노보 노디스크
주 1회 엑세나타이드	2012년, 바이듀리언	엑센딘-4	폴리머의 미세 구형에 캡슐화	3.3~ 4.0 시간	주 1회	아밀린→ 릴리→BMS, 아스트라제네카
둘라글루타이드	2014년, 트루리시티	포유류 GLP-1	면역글로불린 Fc 단편	4.7~ 5.5일	주 1회	릴리
알비글루타이드	2014년(유럽)에페 르잔, (미국)탄제움*	포유류 GLP-1	알부민	5.7~ 6.8일	주 1회	글락소스미스클 라인
세마글루타이드	2017년(미국), 2019년(유럽) 오젬픽	포유류 GLP-1	유리 지방산	5.7~ 6.7일	주 1회	노보 노디스크

*알비글루타이드의 판매는 2018년에 중단되었다.

경구투여용

GLP-1 수용체 작용제	승인 연도 및 제품명	기본이 되는 아미노산 서열	기타 주요 구성 요소	혈중 반감기	투약 일정	제약회사
세마글루타이드	2020년, 리벨서스	포유류 GLP-1	유리 지방산, SNAC	5.7~ 6.7일	하루 1회	노보 노디스크

고정 복용량 조합 - 기저 인슐린(피하주사용)

GLP-1 수용체 작용제	승인 연도 및 제품명	기본이 되는 아미노산 서열	기타 주요 구성 요소	혈중 반감기	투약 일정	제약회사
리라글루타이드/ 인슐린 데글루덱 (iDegLira)	2014년(유럽), 2016년(미국); 줄토피	포유류 GLP-1	기저 인슐린	12.6~ 14.3시간	하루 1회	노보 노디스크
릭시세나타이드/ 인슐린 글라진 (iGlarLixi)	2016년(미국), 2017년(유럽) 솔리쿠아	엑센딘-4	기저 인슐린	2.6시간	하루 1회	사노피

엑세나타이드는 사람에게는 없는 동물성 펩타이드이기 때문에, 인체 내에서 이 약물을 이물질로 인식하여 항체가 생성되었다. 생성된 항체가 약효에 큰 영향을 미치지 않는 것으로 알려졌지만, 항체 역가가 높은 경우에는 약효에 다소 영향을 미쳤다. 이러한 단점들을 극복하고 보다 나은 약제를 개발하기 위해 많은 연구자와 제약회사들이 노력해온 결과, 여러 종류의 GLP-1 제제가 경구용으로 또 인슐린과 혼합된 병용 복합제로도 개발되었다.

2009년 승인된 리라글루타이드는 포유류 GLP-1과 동일한 아미노산 서열을 갖는다. 이 경우 순식간에 혈액 중 분해되어버리기 때문에, 이 약물의 허리 부분에 유리 지방산(free fatty acid)을 붙였다. 유리 지방산은 알부민에 달라붙는 성질이 있어서, GLP-1을 분해하는 DPP-4 효소의 공격으로부터 방어하는 역할을 한다. 또 콩팥을 통해 걸러지지 않도록 하여 오랫동안 혈액에 머물러 있게 된다.

리라글루타이드의 제거 반감기는 약 13시간으로, 하루 한 번 주사하기에 적합하다. 리라글루타이드는 약 1~2%만이 알부민과 결합되지 않은 형태로 순환하며, 이는 조직으로 쉽게 확산되어 GLP-1 수용체에 결합해 그 작용을 나타낸다. 하루 1.8mg을 최고 용량으로 하는 당뇨병 치료제 빅토자(Victoza) 및 하루 3.0mg을 최고 용량으로 하는 삭센다(Saxenda)로 시판되고 있다. 현재 우리나라에는 삭센다만 판매되고 있다.

엑세나타이드에 폴리리신(poly-lysine) 꼬리를 붙여서 안정성을 강화한 릭시세나타이드(lixisenatide)가 추후 개발되었고, 이 약은 하루 1회 맞도록 승인되어 릭수미아(Lyxumia)라는 이름으로 국내에 들어왔었지만 큰 호응을 얻지 못해 현재 판매되지 않는다. 하루 1회 맞도록 되어 있을 뿐, 전반적인 특성은 바이에타(엑세나타이드)와 유사하다. 현재는 인슐린과 혼합된 제형인 솔리쿠아(Soliqua)라는 제품으로 국내에서도 처방되고 있다.

하루 2회 주사에 비해 하루 1회 주사가 훨씬 편리한 만큼, 주사 횟수를 줄일 수 있다면 금상첨화일 것이다. 따라서 GLP-1 수용체 작용제를 주 1회 주사하는 것으로 목표로 개발이 진행되었다. 첫 번째 시도는 폴리머로 이루어진 매트릭스에 약을 집어넣어서, 피하주사 후 활성 성분이 천천히 방출되도록 하는 것이었다. 가루 설탕을 넣는 것이 아니라 젤리 같은 것에 설탕을 섞어 넣어서 젤리가 분해되면서 서서히 설탕이 녹아 나오는 모습을 연상하면 이해하기 쉽다. 엑세나타이드를 폴리머 매트릭스에 넣어서 주사하면 약물이 매우 천천히 방출된다. 매주 1회 주사하더라도 치료를 시작한 후 8~10주가 지나야 안정적인 최고 혈중 농도에 도달할 수 있다. 따라서 소량부터 시작하여 점차 용량을 올리는 다른 약제들과 달리, 이 약제는 단일 용량을 주사하는 점에서 편리성이 있다.

그리고 엑세나타이드는 DPP-4에 의해 분해되지 않는 약물이기 때문에 안정적으로 본연의 임무를 수행한다. 다만 폴리머에 섞은 까닭에 점성이 커서 굵은 주삿바늘을 이용해야 하는 단점이 있다. 또 피하에 주사했을 때 폴리머가 덩어리를 형성하여 피하 결절 형태로 만져지고, 가려움증 등을 유발하는 문제가 있다. 가장 큰 문제는 이 약을 투입할 때는 엑세나타이드와 폴리머를 각각 따로 보관하고 있다가 주사 직전 섞어서 맞아야 하는 것이다. 사용하기에 상당히 까다롭고, 환자들 역시 많은 불편함을 호소

했다. 이후에는 이중 챔버 장치를 마련하여 절차가 간소화되었지만, 여전히 불편하다.

다른 접근 방식으로는 면역글로불린 Fc 단편(둘라글루타이드 또는 에페글레나타이드) 또는 알부민(알비글루타이드)과 같은 큰 단백질에 변형된 GLP-1을 결합시키는 전략이 사용되었다. 이러한 화합물은 약 일주일의 반감기로 천천히 분해되면서 몸속에서 장기간 작용을 유지했다. 그리고 주 1회 주사용 엑세나타이드와 비교해볼 때, 피하주사 후 상대적으로 빠르게 약효를 보이는 혈중 농도에 도달하여, 치료를 시작한 직후부터 혈당을 낮출 수 있다.

세마글루타이드는 일반적으로 리라글루타이드(유리 지방산 측쇄가 있는 GLP-1)와 비슷한 구조를 가지고 있지만, 반감기가 훨씬 더 길며 알부민과 더욱 긴밀하게 결합되어 작용을 매개한다. 현재 세마글루타이드는 주 1회 피하주사로 사용할 수 있다.

약효를 극대화하는 최적의 투약법을 찾아서

최근에는 세마글루타이드를 경구 치료제로 개발하기 위해 SNAC(나트륨 N-(8-(2-하이드록시벤조일)아미노)카프릴레이트)와 공동 제형으로 만들어졌다. 이 약물은 위장관을 통해 흡수될 때 비교적 낮은 생체 이용률을 보이기 때문에, 주사제보다 약 100배에 가까운 용량을 투여해야 하고 매일 복용해야 한다. 이 약물은 경구 투여가 승인된 최초의 GLP-1 수용체 작용제다. 동일한 용량에서 피하 및 경구 세마글루타이드는 HbA1c, 체중 감소 및 부작용 측면에서 유사한 효과를 나타내는 것으로 보인다.

지금까지 개발된 모든 GLP-1 수용체 작용제는 모든

환자에게 적용할 수 있는 표준화된 투여량 권장 사항에 따라 설계되었다. 메스꺼움과 구토는 일반적인 부작용으로 나타났으며, 주로 주사 치료를 시작하거나 용량을 늘린 후에 발생했다. 최고 혈장 농도는 이러한 증상이 가장 많이 발생할 시간을 결정하는 데 영향을 줄 수 있다.

초기 단계에서는 유지 관리 용량보다 낮은 용량으로 엑세나타이드를 시작하여, 원하는 정상 상태에 도달할 때까지 천천히 증량하는 전략이 위장관 부작용을 줄이는 데 효과적이었다. 이후 환자가 더 높은 용량의 GLP-1 수용체 작용제에 노출되기 전에 내성을 유도하기 위한 이러한 상향 적정(약제의 용량을 점차 올리는 것) 접근 방식이 권장되었다. 그러나 제제의 약동학적 특성에 따라 굳이 상향 적정을 하지 않아도 되는 약이 있다.

예를 들어, 주 1회 투여하는 엑세나타이드와 같은 제제의 경우, 상향 적정이 필요하지 않다. 이 약은 매우 천천히 조금씩 피하주사를 한 부위에서 혈액 중으로 약제가 흡수되기 때문에 몸은 서서히 적응해나갈 수 있다.

반면, 작용 지속 시간이 긴 약물 중에서도 최고 혈중

농도에 도달하는 시간(Tmax)이 비교적 빠른 약물(예컨대, 리라글루타이드 및 세마글루타이드)은 소량부터 시작해서 서서히 증량해나간다. 반대로 흡수가 느리게 디자인된 약물(둘라글루타이드 및 알비글루타이드, Tmax ≥ 48시간)은 별도로 상향 적정을 하지 않는 것이 일반적이다.

일반적으로 주사제라고 하면 주사액이 담긴 유리병(바이알이라고 부름)에 주삿바늘을 꽂아서 약을 빼낸 다음, 복부 등의 피하에 주사하는 것을 상상할 것이다. 과거 인슐린의 경우 이와 같은 방식으로 주사했었다. 그러나 인슐린 펜이 개발되어 주사의 편리성이 높아졌다. 만년필 모양의 용기에 주사액이 들어 있는데, 작은 주삿바늘을 펜에 장착한 후, 필요한 양만큼 다이얼의 눈금을 돌려서 스탬프 도장을 찍듯이 주사하면 된다.

앞서 엑세나타이드 주 1회 제형을 주사할 때 매우 복잡한 과정을 거친다고 설명했는데, 이 제형 이외에는 모두 펜형 주사기로 개발되어 있다. 둘라글루타이드 펜 주입 장치(트루리시티라는 이름으로 판매)는 한 번 주사하고 폐기하는 일회용으로 만들어졌다. 그리고 약을 피하에 주입하는 절차

전 과정에서 바늘이 눈에 보이지 않게 디자인되어 바늘을 무서워하는 사람에게 불안감을 떨칠 수 있게 해주었다. 참고로 이 펜은 애플 매킨토시 컴퓨터의 마우스를 처음 개발한 유명한 디자인 회사인 아이디오(IDEO)가 개발한 것이다. 리라글루타이드(빅토자, 삭센다), 세마글루타이드(오젬픽, 위고비)는 인슐린 펜과 같이 작은 바늘을 부착해서 사용하는 형태이고, 터제파타이드(마운자로, 젭바운드)는 둘라글루타이드(트루리시티)와 같은 일회용 펜으로 만들어져 판매되고 있다.

수많은 GLP-1 제제들은 크게 체내 작용 시간에 따라 단기 작용형과 장기 작용형으로 나눌 수 있다. 단기와 장기 작용형 GLP-1 제제의 기본적 특성은 동일하다. 두 종류 모두 인슐린 분비를 촉진하고 글루카곤 분비를 억제하여 혈당을 낮춘다. 그리고 두 종류 모두 식욕을 억제한다. 그러나 단기 작용형의 경우, 작용 시간이 짧아서 주사 후 몇 시간 동안만 작용한다. 반면 장기 작용형의 경우, 하루 내내 일정한 작용을 한다. 따라서 다음 날 아침 공복 혈당까지 조절하기 위해서는 장기 작용형이 유리하다.

GLP-1은 위에서 십이지장으로 음식물이 넘어가는 속도를 지연시킨다. 이를 통해 우리 몸이 효과적으로 음식물을 소화 흡수할 수 있도록 해주고, 식후 포만감을 지속시키는 데도 돕는다. 그런데 GLP-1이 위장에서 십이지장으로 넘어가는 길목을 막아서는 역할을 할 때, 위장은 쉽게 피로를 느끼는 모양이다. 단기 작용형 GLP-1 제제가 작용하는 동안은 큰 피로를 느끼지 않지만, 장기 작용형 GLP-1

단기 작용과 장기 작용 GLP-1 제제 비교표

특성	단기 작용형 GLP-1 제제	장기 작용형 GLP-1 제제
약물 예	엑세나타이드(하루 2회 주사), 릭시세나타이드(하루 1회 주사)	리라글루타이드(24시간 지속), 세마글루타이드(주 1회 주사)
혈중 약물 농도 변화	빠르게 증가 후 급격히 감소	일정하게 유지, 약간의 변화만 존재
작용 시간	몇 시간 동안만 지속	지속적인 작용, 안정 상태 유지
식사 후 혈당 조절	우수(식후 혈당 크게 감소)	덜 효과적
공복 혈장 포도당 조절	덜 효과적	매우 효과적
위 배출 지연 효과	지속적	빠른 내성을 보임
HbA1c 감소 효과	효과적	더욱 효과적
체중 감소 효과	효과적	더욱 효과적
사용 목적	주로 식후 혈당 조절	공복 혈당 및 전반적 혈당 관리

제제가 오랫동안 길목을 막아설 경우는 쉬이 피로를 느끼고 자신의 역할을 포기한다.

즉, 장기 작용형 GLP-1 제제를 쓸 경우 위장에서 십이지장으로 넘어가는 것을 제대로 통제하지 못하게 된다. 이같은 내성은 매우 빨리 발현하는데, 투여 첫날에 바로 발현되는 것으로 이를 빠른 내성(속성 내성)이라고 부른다. 따라서 식후 혈당을 조절하는 데는 단기 작용형 GLP-1 제제가 유리하다.

인슐린 vs GLP-1, 무엇이 살아남을 것인가

다양한 당뇨병 치료제가 개발되어 있지만, 특정 조건에서 사용하지 못하거나 효과가 없는 약이 많다. 그러나 인슐린은 혈당 조절 측면에서는 최고였다. 혈당 조절이 안 되는 경우에 인슐린만 들어가면 혈당은 떨어진다. 왜냐하면 인슐린은 혈당을 낮추는 작용을 '직접'하기 때문이다. 다른 당뇨병 약제들은 인슐린 분비를 촉진시키거나 작용을 증강시키는 약제들이므로, 결국 인슐린에 의존적으로 작용한다.

예외적으로 SGLT-2 억제제는 인슐린과 무관하게 소변으로 포도당을 배설시키고, 알파 글루코시다제 억제제는 인슐린과 무관하게 소장에서 포도당 흡수를 억제한다. 그러나 이러한 약제만으로는 역부족인 경우가 많다. 특히 2형 당뇨병 환자가 두세 종류를 복용하는데도 혈당 조절이 안 되면 인슐린을 쓰는 것이 관례였다. 이 경우에는 기저 인슐린이라고 부르는 장기간 작용형 인슐린을 하루 1회 주사해 혈당 조절을 돕는다. 이렇게 하면 효과적으로 혈당을 낮출 수 있는데, 두 가지의 문제가 발생한다. 첫째는 저혈당의 위험이 생긴다는 것이고, 둘째는 체중이 증가할 수 있다는 것이다.

2형 당뇨병 환자의 GLP-1 제제 사용 경험이 늘어나면서, 먹는 약으로 혈당 조절이 여의치 않을 때 기저 인슐린과 혈당 조절 능력을 비교하는 임상시험이 진행되었다. 놀랍게도 GLP-1이 심판 전원 일치 판정승을 거두었다. 혈당 조절 면에서는 두 약제가 비슷하거나, GLP-1 제제가 조금 우세하였다. 그런데 GLP-1 제제는 저혈당 위험이 극히 낮았다. 또 체중 면에서 기저 인슐린은 평균적으로 1~2.5kg의 체중을 증가시켰으나, GLP-1 수용체 작용제는 평균적으로 2~6kg의 체중을 감소시켰다.

GLP-1 제제와 기저 인슐린의 특성 비교표

특성	기저 인슐린	GLP-1 수용체 작용제
혈당 조절 효과	공복 혈당 조절에 특히 효과적	공복 혈당 감소 능력 우수
식후 혈당 조절	전체적으로 감소 가능	위 배출 지연을 통해 식후 혈당 감소 (장기 작용형 제제는 빠른 내성 발현)
HbA1c 감소	우수	약간 더 우수
체중 변화	체중 증가(1~2.5kg 증가)	체중 감소(2~6kg 감소)
저혈당 위험	저혈당 위험 존재	단독 사용 시 저혈당 위험 낮음, 다만, 설폰요소제 병용 시 저혈당 위험 존재
투여 빈도 및 용량 조정	하루 1회. 혈당에 따라 용량 조정 필요	제제에 따라 하루 두 번에서 주 1회, 혈당에 따른 용량 조절 불필요

기저 인슐린은 매일 한 번씩 주사하지만, GLP-1 제제의 경우는 약제에 따라 매주 한 번 주사하는 편의성이 있었다. 인슐린의 경우 매일 혈당을 측정하면서 혈당에 따라 용량을 조절해야 하지만, GLP-1 제제의 경우 혈당에 따라 용량을 달리하지 않고 표준 용량을 투여할 수 있는 것도 장점이다. 다만 GLP-1 제제의 경우 약제의 특성상 메스꺼움과 구토, 설사가 흔히 관찰되었다. 이 결과를 바탕으로 대부분의 학회에서는 2형 당뇨병 환자가 먹는 약 2~3가지

를 복용함에도 불구하고 혈당 조절이 원활치 않은 상황에서 GLP-1 제제를 기저 인슐린보다 우선적으로 추천하고 있다.

최근에 소개된 강력한 GLP-1 제제의 경우에는 당화혈색소를 거의 정상 수치까지 감소시키는 데 탁월한 효과를 보인다. 그 때문에 2형 당뇨병 환자(특히 비만이 동반된 경우) 혈당 조절 측면에서 절대 강자로 등극하고 있다. 대개의 당뇨병 약제가 당화혈색소(정상은 5.7% 미만, 대개 7% 미만이면 양호하다고 판단)를 기저치로부터 0.5~1%p 정도를 낮춘다면(예를 들어 8%였다면 7~7.5% 수준이 됨), 세마글루타이드는 1.5~1.8%p, 터제파타이드는 2%p 이상도 낮춘다. 심지어는 정상치에 도달하여 더 내려갈 곳이 없기 때문에, 바닥 효과(floor effect)로 인해 용량을 높여도 혈당이 더 내려가지 않는다. 그럼에도 불구하고 단독으로 사용하면 저혈당은 생기지 않는다. 터제파타이드의 경우 당화혈색소가 7% 이하로 감소하는 경우가 90% 이상에서 관찰되며, 정상 혈당 수준으로 간주하는 5.7% 미만이 되는 경우도 고용량 투여군에서는 60%에 달한다.[13]

'이렇게 좋은 약들이라면 같이 쓰면 더 좋아지지 않을까?' 하는 의문점이 든다. 실제로 인슐린과 GLP-1은 각각의 특성이 있고, 이들이 서로를 보완하는 부분이 있기 때문에 같이 써보면 장점이 있을 수 있다. 그리고 임상시험을 통해서 이러한 결과가 증명되어 현재는 두 약제가 하나의 제형으로 혼합된 형태로 출시되어 있다. 다만 2형 당뇨병 치료를 위해 개발되었고, 1형 당뇨병 환자에서는 아직 임상에서 활용되고 있지 않다.

이론적으로 기저 인슐린은 공복 혈당 조절에 최적화되어 있고, GLP-1 제제는 작용 시간에 따라 식후 혈당을 주로 조절하거나, 공복 및 식후 모두를 조절하는 데 도움이 될 수 있다. 이 같은 이론적 배경에서 임상시험을 진행한 결과, 기저 인슐린과 GLP-1 제제를 병용하면 월등한 혈당 조절 능력을 보이면서 당화혈색소(HbA1c)가 크게 감소한다는 사실이 밝혀졌다. 심지어 2형 당뇨병 환자를 대상으로, 혈당 조절 요법 중 가장 강력한 기저 인슐린과 식사 인슐린을 각각 하루 1회 및 매 식전 투여해 하루 최소 4회 인슐린 주사를 하는 방법과 유사한 수준으로 혈당 조절이 잘

되었다. 기저 인슐린과 GLP-1 제제를 병용할 경우와 인슐린만 투여할 경우 발생하는 체중 증가도 막을 수 있었다. 인슐린 투여에 의해 발생하는 저혈당 역시 유의하게 감소하였다.

이러한 임상시험 결과를 바탕으로 두 약제를 일정 비율로 미리 섞어서 펜형 주입기에 넣은 제형인 고정 비율 복합제가 출시되었다. 기저 인슐린인 데글루덱과 장시간 작용 GLP-1 제제인 리라글루타이드를 병합한 아이덱리라(iDegLira)가 '줄토피(Xultophy)'라는 이름으로 노보 노디스크에서 출시되었고, 기저 인슐린인 글라진과 단시간 작용 GLP-1 제제인 릭시세나타이드를 병합한 아이글라릭시(iGlarLixi) '솔리쿠아(Soliqua)'라는 이름으로 사노피에서 출시되었다. 이 약제들은 소량으로 시작하여 조금씩 용량을 증가시키기 때문에, 혈당 조절도 탁월한 동시에 GLP-1 제제 고유의 부작용인 오심, 구토 증상도 획기적으로 줄이는 효과가 있다.

당뇨병이 없고 키 168cm에
체중 100kg인 사람이라면
삭센다의 경우, 92kg 정도,
위고비의 경우 85kg 정도,
젭바운드의 경우 80kg 정도까지
체중이 빠질 것으로 기대된다.
이러한 약제들은 투여하는 기간에만
효과가 있으며, 앞서 언급한 수치는
6개월에서 1년 정도 꾸준히 맞는 것을
가정했을 때 기대되는 값들이다.

GLP-1은 정말 기적을 만들 수 있을까

GLP-1은 식후 장에서 분비되어 혈당 조절에 중요한 역할을 하는 동시에 이제 그만 먹으라는 포만감 신호를 보내는 호르몬이다. 식욕을 억제하라는 신호가 과하면 메스껍거나 구토를 하는 부작용이 일어날 수 있다. 따라서 체중 감소라는 이점과 위장관 부작용이라는 약점 사이에 줄타기를 잘할 필요가 있다.

GLP-1은 혈중 농도가 평상시의 두 배만 되어도 혈당 조절에 탁월하다. 그러나 식욕을 억제하려면 4~5배 정도는 높은 혈중 농도에 도달해야 한다. 고용량을 처음부터 쓴다면 많은 사람이 메스꺼움과 구토로 인해 약물 투여를 중단해달라고 요청하기 때문에 안타깝게도 처방을 지속할 수가 없다.

GLP-1 약제 개발 초기에는 위장관 부작용을 최소화하면서 혈당 조절 작용이 우수한 용량을 정하여 출시되었다. 예를 들어, 리라글루타이드를 하루 0.6mg에서 시작하여 일주일 간격으로 1.2mg, 1.8mg까지 증량하면서 혈당을 조절하는 약제인 빅토자라는 이름으로 시장에 출시되었다. 이후 조심스럽게 용량을 더 올려보니 우려하던 위장관 부작용은 크지 않으면서 체중 조절 작용이 탁월한 것을 알게 되어, 2.4mg, 3.0mg까지 용량을 올린 비만 치료제인 삭센다로 개발되었다.

이 경험을 바탕으로 세마글루타이드도 처음에는 혈당 조절을 목적으로 주 1회 1.0mg까지 주사하는 당뇨병 치료제 오젬픽으로 개발되었고, 이후 주 1회 2.4mg까지 주사하는 비만 치료제 위고비로 개발된 것이다. 터제파타이드의 경우에는 5, 10, 15mg을 주 1회 맞는 제형으로 개발되었는데, 첫 4주간은 2.5mg, 다음 4주는 5mg, 이후는 매 4주 2.5mg씩 증량하여 15mg까지 쓸 수 있도록 개발되었다. 이 약제는 당뇨병과 비만 치료 용량이 따로 정해져 있지 않고, 용도에 따라 당뇨병 치료제는 마운자로, 비만 치료제는 젭바운드로 출시되었다. 이 약제들은 기존의 비만 약제보다 월등한 효과를 보이며, 심지어는 비만 대사 수술이라고 불리는 치료에 필적하는 수준의 효과를 나타내기도 한다.

약제에 따른 대략적인 체중 감소 효과는 다음의 표에 요약해두었다. 그러나 체중 감량 효과는 개인차가 커서 강

약제에 따른 대략적인 체중 감량 효과

약물	2형 당뇨병 환자의 평균 체중 감량	당뇨병이 없는 비만 환자의 평균 체중 감량
바이에타(엑세나타이드)	2~3%	
릭수미아(릭시세나타이드)	1~2%	
빅토자(리라글루타이드)	3~4%	
삭센다(리라글루타이드)	5%	8~10%
트루리시티(둘라글루타이드)	1.5~3%	
오젬픽(세마글루타이드)	5~7%	
위고비(세마글루타이드)	10%	15%
마운자로/젭바운드(터제파타이드)	10~15%	15~20%

* 삭센다, 위고비, 젭바운드는 당뇨병이 없는 비만인을 대상으로 임상시험이 수행되었다. 이 경우는 당뇨병을 동반한 비만에 비해서 체중 감량 효과가 컸다. 마운자로/젭바운드는 GLP-1과 GIP에 모두 작용하는 이중 수용체 작용제이다.

력한 약제의 경우라도 전혀 체중이 빠지지 않는 사람이 있는가 하면, 평균적인 경우보다 체중 감량을 많이 한 사람도 있다. 표에서 보다시피 체중 감량 효과가 큰 약물들은 비만 치료 목적으로 임상시험이 진행되었고, 비만 치료제로 승인되었다.

이를테면 당뇨병이 없고 키 168cm에 체중 100kg인 사람이라면 삭센다의 경우, 92kg 정도, 위고비의 경우 85kg 정도, 젭바운드의 경우 80kg 정도까지 체중이 빠질 것으로 기대된다. 이러한 약제들은 투여하는 기간에만 효과가 있으며, 앞서 언급한 수치는 6개월에서 1년 정도 꾸준히 맞는 것을 가정했을 때 기대되는 값들이다. 약제를 중단하면 빠른 속도로 체중이 원래 수준으로 돌아온다.

젭바운드의 경우, 당뇨병이 없는 비만인에게 36주간 투여하여 체중이 기저치에 비해 약 20% 빠진 시점에서 이후 1년 동안 위약과 젭바운드를 투여하여 비교한 결과가 있다. 젭바운드를 계속 쓴 사람들은 25% 수준까지 체중이 빠졌고, 약을 중단하고 위약을 투여한 사람은 1년 후 완전히 원래 수준으로는 돌아오지 않고 기저치 대비 약 10%

빠진 상태를 유지함이 보고되었다.[14] 아마도 위약 효과(플라시보 효과)와 함께 약제를 쓰는 동안 자리 잡은 식습관이 장기간 유지되거나, 우리 뇌 속의 세트 포인트를 조정하였을 가능성도 배제할 수는 없다. 이 부분에 대해서는 추가적인 연구가 필요하다.

호르몬 혁명의 역사가 곧 질병 해방의 역사다

당뇨병의 만성 합병증은 대부분 혈관의 합병증으로 나타난다. 혈관 합병증은 크게 미세혈관 합병증과 대혈관 합병증으로 나뉜다. 미세혈관 합병증은 눈, 콩팥, 말초신경의 아주 작은 혈관을 침범하고 대혈관 합병증은 심장, 뇌, 말초로 가는 비교적 큰 동맥을 침범한다. 혈당을 조절하면 당연히 이러한 합병증이 줄어들 것으로 예상할 수 있다. 그러나 1990년대에 비로소 1형 및 2형 당뇨병 환자가 진단 초기부터 철저히 혈당 조절을 하면 미세혈관 합병증을 예방하거나 진행을 지연시킬 수 있음을 알게 되었다.

하지만 열심히 혈당을 조절하더라도 심혈관 사건을 줄

이거나 사망률을 줄이지는 못했다. 의사로서 실망스럽고, 환자들이 이해하기 어려운 부분이었다. 죽상동맥경화에 의한 심혈관 질환이 있는 경우에는 혈당 조절을 철저히 하면 오히려 사망률이 증가한다는 연구 결과도 있었다. 하지만 이러한 경우에 콜레스테롤이나 혈압을 철저히 조절하면 심혈관 사건이나 사망률을 줄일 수 있었다. 이는 당뇨병을 치료하는 의사로서 매우 자존심이 상하는 일이었기 때문에 당뇨병의 혈관 합병증, 특히 대혈관 합병증을 줄이기 위해 진단 초기부터 열심히 조절하거나 혈당 외의 콜레스테롤, 혈압 등의 위험 인자들을 철저히 파악하려고 노력해 왔다.

2007년 미국 클리블랜드 클리닉의 심장학 교수 스티브 니센 박사는 충격적인 연구 결과를 뉴잉글랜드 의학 저널에 게재하였다.[15] 혈당 강하제 로시글리타존(상품명: 아반디아)을 복용하는 사람은 이 약을 먹지 않는 사람에 비해 심근경색이 1.43배 증가한다는 내용이었다. 이 연구는 여러 임상시험을 종합한 메타 분석 결과였지만, 당뇨병 환자와 당뇨병을 치료하는 의사들을 충격에 빠뜨렸다. 이후 미국식품의약국은 새로 개발되는 모든 당뇨병 치료제에 대해서 심혈관 안전성을 증명하는 임상시험을 진행하도록 의무화하였다.

이후 개발된 SGLT-2 억제제인 엠파글리플로진이 크게 기대하지 않았던 성과를 최초로 보고하였다. 이 약은 콩팥을 통해 포도당을 배설시킴으로써 혈당을 낮추는데, 정확하게 밝혀지지 않은 기전을 통해 심혈관 보호 효과를 나타내는 것으로 보인다. 2015년 뉴잉글랜드 의학 저널에 게재된 논문에 의하면, 심혈관 질환을 이미 겪고 있는 2형 당뇨병 환자 7020명을 대상으로 엠파글리플로진과 위약을 약 3.1년간 투여한 결과, 엠파글리플로진을 복용한 환자들은 새로운 심혈관 사건 발생이 14% 유의하게 줄었고, 심혈관 사건에 의한 사망이 38% 줄었으며, 심부전에 의한 입원이 35% 줄었다.[16] 그동안 개발되었던 당뇨병 치료제가 한 번도 보여주지 못했던 놀라운 성적이었다.

GLP-1 제제들도 심혈관 안전성에 대한 임상시험이 이루어졌는데, 그 결과는 표로 정리하였다. 표에서 '심혈관 사건'이라고 칭한 것은 심근경색이나 뇌졸중으로 사망하

심혈관 질환이 있거나 심혈관 질환의 위험이 큰 2형 당뇨병 환자를 대상으로 한 연구 결과

임상시험 명칭	약제명	환자 수	추적 기간	심혈관 사건 감소율	심혈관 사망 감소율	전체 사망 감소율
LEADER	리라글루타이드	9340	3.8년	13%	22%	15%
SUSTAIN-6	세마글루타이드	3297	2.1년	26%	-	-
HARMONY	알비글루타이드	9463	1.6년	22%	-	-
REWIND	둘라글루타이	9901	5.4년	12%	-	-
PIONEER-6	경구용 세마글루타이드	3183	1.3년	약 20%	51%	49%
EXSCEL	엑세나타이드 qw	14752	3.2년	약9%	-	14%
Amplitude	에페글레나타이드	4076	1.8년	27%	-	-

* 통계적 유의성이 증명되지 않은 것은 -로 표시함. 약 9%, 약 20%라고 쓴 것은 통계적 유의성은 증명되지는 않았지만, 경향성은 비교적 뚜렷한 경우를 나타낸 것임. 심혈관 사건은 비치명적 심근경색, 비치명적 뇌졸중. 심혈관 질환에 의한 사망을 합친 것이다.

였거나 사망에 이르지 않고 발생만 한 경우를 합친 개념이다. 현재 처방되고 있는 모든 약제는 심혈관 질환의 위험을 적어도 증가시키지는 않았다. 즉, 심혈관 질환 면에서는 안전하다는 의미이다. 나아가 심혈관 질환을 줄일 수 있는지 역시 연구되었다.

가장 먼저 승전보를 알린 약은 리라글루타이드(빅토자)였다. 심혈관 사건 발생을 13% 줄였고, 심혈관 질환에 의한 사망을 22% 줄였으며, 사망 원인을 가리지 않고 모든 종류의 사망을 15% 줄였다. 여기서 중요한 점은 사망률을 줄였다는 것인데, 사망률은 의료인에게는 절대적인 평가 지표이다.

예를 들어 메스꺼움 발생이 증가 혹은 감소했다는 데이터가 있다고 하자. 메스껍다는 것은 매우 주관적인 지표이기 때문에 객관화가 어렵다. 심부전에 의한 입원이 늘었다 혹은 줄었다는 데이터도 마찬가지다. 의사가 입원하라고 할 수도 있고 아닐 수도 있고, 입원하라고 했으나 환자가 안 할 수도 있다. 그러나 사망은 그렇지 않다. 더군다나 의료의 가장 중요한 결과 아니겠는가? 물론 이 연구에서 리라글루타이드가 사망률을 줄이는지가 1차적인 목표가 아니었기 때문에 결과 해석에는 신중을 기해야 한다. 'LEADER'라고 이름 붙여진 이 연구에서는 리라글루타이드가 2형 당뇨병 환자에게 심혈관 사건 발생이 줄어드는지를 보기 위해 모든 것이 디자인되었기 때문에, 사망률에 대한 해석은 신중해야 한다는 뜻이다.[17] 세마글루타이드(오젬픽)도 심혈관 사건 발생을 26% 줄였다. 이 약의 강력한 경쟁 약물인 터제파타이드(마운자로)는 현재 심혈관 안전성 및 보호 효과에 대한 임상시험이 진행 중이다. 터제파타이드는 현재까지 진행된 임상시험 결과들을 종합한 메타 분석 결과에서 심혈관 보호 작용이 있을 것으로 기대되고 있다. 임상시험은 위약과 비교하는 것이 아니라, 현재 우리나라에서 가장 많이 처방되고 있는 GLP-1 제제인 둘라글루타이드(트루리시티)를 비교 약물로 삼아 진행되고 있다. 그만큼 자신이 있다는 뜻이라고 해석된다.

경구용 세마글루타이드 역시 'PIONEER 6'라는 제목의 임상시험을 통해 심혈관 안전성을 테스트하였다.[18] 간발의 차로 통계적 유의성은 확보하지 못했으나 심혈관 사건 발생은 약 20% 감소하는 경향이 나타났고, 심혈관 사망이 51% 감소, 전체 사망이 약 49% 감소하는 것으로 나타났다. 그러나 이 연구는 3183명을 대상으로 진행되어 상대적으로 환자 수가 적었고 추적 기간도 1.3년에 불과하며 1차 목표였던 심혈관 사건 발생 감소가 통계적 유의성을 확보하지 못한 점 등을 고려할 때 해석에 신중해야 한다.

경구용 세마글루타이드는 'SOUL'이라는 제목의 연구를 통해 기존에 심혈관 질환 혹은 만성 콩팥병을 가진 2형 당뇨병 환자 9600명 이상에게 장기적으로 약을 투여하여 심혈관 안전성 및 심혈관 보호 효과를 살펴보는 중이다. 국내 제약사 한미약품이 개발한 에페글레나타이드는 다국적 제약기업 사노피와 함께 4076명의 2형 당뇨병 환자에게 평균 1.8년 투여하여 위약 대비 심혈관 사건 발생을 27% 감소시키는 결과를 얻었다. 임상시험 결과는 뉴잉글랜드 의학 저널에 보고되었는데, 아쉽게도 사노피가 자사의 모든 당뇨병 약제 임상 개발을 중단하는 바람에 현재 상품화되지는 못했다.

어떤 기전을 통해 심혈관 질환을 줄이는지는 명확하지는 않다. 혈당을 감소시키고 체중을 감소시키고 혈압도 조금 감소시키는 등의 임상적 이점이 종합된 결과로도 해석하기도 하고, GLP-1 수용체를 통해 염증을 줄이는 등의 작용에도 기여할 것으로 보고 있다. 체중을 줄여서 심혈관 질환 발생이 줄어들 것이라고 추정하기도 하지만, 실제로 임상에서 체중을 크게 줄이지 못 하는 알비글루타이드나 둘라글루타이드도 HARMONY[19], REWIND[20] 임상시험에서 심혈관 사건 발생을 각각 22%, 12% 줄였기 때문에 체중 조절이 핵심 역할을 하는 것 같지는 않다.

현재 전 세계적으로 대부분의 학회에서 죽상동맥경화성 심혈관 질환을 가진 2형 당뇨병 환자에게 GLP-1 관련 제제 사용을 추천하고 있다. 이 약을 처방하는 데는 같은 상황에서 우수한 효과를 보여주고 있는 SGLT-2 억제제를 먼저 사용할 것인지를 고려해야 하며, 부작용, 약제 가격, 주사에 따른 불편감 등을 고려하여 종합적으로 결정하여야 한다.

또 하나의 핵심적인 영역이 있는데 바로 심부전이다. 심부전은 심장이 펌프로서 제 기능을 못 하는 상황이다. 펌프가 짜내는 힘이 약해서 심장으로부터 혈액이 충분히 분출되지 못할 수도 있고, 펌프로 혈액이 원활하게 들어오지 못하여 심장이 혈액을 충분한 양으로 짜내지 못할 수도 있다. 전자는 수축기 기능 장애, 후자는 이완기 기능 장애라고 부른다. 심장은 이완하면서 혈액을 심장 속으로 들어오게 하고, 이어서 강력한 수축을 통해서 짜낸다.

심부전이 발생하면 충분한 양의 혈액을 조직 및 장기로 공급하지 못하기 때문에 많은 신체 기능이 감소하게 된다. 대표적인 증상은 부종과 호흡곤란이다. 자동차로 비유하면 엔진 성능이 나빠서 오르막 경사를 오르지 못한다. 많은 환자가 숨이 차서 계단을 오르기 어려워한다. 심장으로 혈액이 원활히 돌아오지 못하기 때문에 다리가 붓는 경우가 많다. 증상이 심하면 입원하게 되는데, 이 수준으로 심부전이 심하다면 5년 생존율이 암과 비슷하거나 더 높을 수도 있다.

SGLT-2 억제제는 2형 당뇨병 환자에서 심부전으로 인한 입원을 약 35% 줄인다. 여러 임상시험 결과를 메타 분석으로 종합해보면, GLP-1 제제들도 심부전에 의한 입원을 줄이는 효과가 예상된다. 최근 발표된 연구(STEP-HFpEF)에 의하면 비만과 이완기 기능 이상을 보이는 심부전 환자 529명에게 세마글루타이드를 1년간 투여했을 때 심부전 증상이 크게 개선되었다. 이러한 결과는 2형 당뇨병이 있으면서 비만과 이완기 기능 이상을 보이는 심부전 환자에서 재현성 있게 증명되었다(STEP-HFpEF DM 연구). 여러모로 심혈관 질환 치료에 이점이 있음을 알 수 있다.[21]

당뇨병 환자의 대표적인 미세혈관 합병증은 신증, 즉

콩팥병이다. 노폐물을 걸러내는 능력(사구체 여과율)이 감소하거나 소변으로 빠져나와서는 안 되는 알부민이 빠져나오는 알부민뇨가 발생한다. 알부민이 소변에 섞이면 소변을 볼 때 거품이 심하게 난다. 심한 경우에는 마치 물에 주방세제를 섞어서 마구 저은 것처럼 거품이 소복이 쌓이기도 한다. 콩팥 기능이 바닥으로 떨어지면 요독 증상이 나타나고 투석 치료나 콩팥 이식을 해야 한다. 이 정도까지 콩팥 기능이 떨어지지 않더라도 혈압 조절, 전해질 조절 등이 잘 안 되고, 심혈관 사건 발생 위험이 더욱 커진다. 따라서 당뇨병 환자의 콩팥병을 호전 혹은 지연시키는 것은 무척 중요하다.

GLP-1 제제는 알부민뇨를 줄이는 것이 잘 알려져 있었고, 사구체 여과율 감소도 일부 늦추는 것으로 알려져 있었다. 최근에는 세마글루타이드가 당뇨병성 신장 질환에 효과가 있는지 확인하기 위한 FLOW라는 제목의 임상시험 결과가 발표되었다.[22] 이 연구에서 세마글루타이드는 2형 당뇨병과 콩팥병을 동반한 환자들의 신장 기능 저하와 관련된 지표를 24% 감소시켰고 동시에 주요 심혈관 사건 발생률을 약 30% 감소시켰다. 콩팥뿐만 아니라 심혈관 질환에도 도움이 된 것이다. 이 연구는 미리 계획된 중간 분석 결과가 확실하고 고무적이어서 원래 계획된 것보다 조기에 중단이 결정되었다. 더 이상 진행할 경우 위약을 투여 중인 환자들이 좋은 치료를 못 받게 될 것이 분명했고, 이 결과를 빨리 정리해서 임상에 적용해야 했기 때문이다.

SGLT-2 억제제 역시 콩팥 보호 효과가 탁월하지만, 이 약은 신장의 사구체 여과율이 감소한 경우에는 혈당을 떨어뜨리는 약효가 미약하다. 하지만 GLP-1 제제는 사구체 여과율이 감소한 경우에도 여전히 혈당을 잘 떨어뜨리는 장점이 있다.

2형 당뇨병 환자한테 장 호르몬 약제의 효과가 좋다면, 당연히 1형 당뇨병 환자에게도 도움이 될 것인지 궁금해진다. 물론 개발 초기부터 1형 당뇨병 환자에 적용 가능성을 연구한 바 있다. 하지만 아쉽게도 표준 인슐린 요법에 더하여 리라글루타이드 또는 엑세나타이드를 투여해본 결과 혈당 조절에는 추가적인 이점이 없었다.

GLP-1 제제는 췌장 베타세포로부터 인슐린 분비를 촉진시키는 것이 혈당 강하 작용의 주요 기전이다. 그런데 1형 당뇨병 환자는 베타세포가 거의 모두 파괴된 상태여서, GLP-1을 투여하더라도 혈당 조절 측면에서는 큰 도움이 되지 않은 것으로 보인다. 오히려 1형 당뇨병 환자에게 매우 위험할 수 있는 케톤산증의 위험이 다소 증가하였다. 다만 체중이 많이 나가는 1형 당뇨병 환자의 경우에는 체중 감소에 이득을 보이기는 했다.

최근에 개발된 강력한 GLP-1 제제를 이용하여 1형 당뇨병에 대한 적용 가능성을 확인하는 임상시험이 진행될 예정이어서 결과가 기대된다. 나아가 혈당 조절 외에도 체중 조절, 심혈관 위험 감소, 신장 기능 개선 등의 효과가 있는지에 대해서도 연구가 필요하다. 결론적으로 아직은 GLP-1 제제를 1형 당뇨병 환자에게 사용하지 못하지만, 앞으로 연구 결과에 따라 사용 가능성은 열려 있다.

인류와 생명현상의 운명을 뒤흔들 제약 혁신

GLP-1 수용체 작용제가 2형 당뇨병 치료에 도입되었을 때 급성 췌장염, 췌장암, 갑상선암과 같은 잠재적 부작용에 대한 우려가 있었다. 그러나 무작위 심혈관 안전성 임상시험을 비롯한 기타 임상 현장의 대규모 데이터베이스를 통해 연구한 결과, 이러한 부작용의 위험을 증가시키지 않는 것으로 나타나 초기의 우려는 크게 줄어들었다. 그러나 갑상선 C세포에 발생하는 갑상선수질암(일반적인 갑상선암이 아닌 아주 드문 형태의 갑상선암)의 경우에는 세포에 GLP-1 수용체를 발현하므로, 갑상선수질암의 위험이 있는 사람은 이 약제를 투여해서는 안 된다.

식약처에서 승인한 이 GLP-1 제제의 약품 설명서에는 이렇게 안내되어 있다.

다음 환자에는 투여하지 말 것:
1) 이 약의 주성분 또는 첨가제에 대해 과민증이 있는 환자
2) 갑상선수질암(Medullary Thyroid Carcinoma, MTC)의 개인 또는 가족력이 있거나 다발성 내분비 선종증(Multiple Endocrine Neoplasia syndrome type2, MEN2) 환자.

다발성 내분비 선종증(MEN2)은 여러 종양이 증후군 형태로 나타나는 병인데, 갑상선수질암이 그중 하나이기 때문에, 역시 이 약품 사용에서 금기가 된다.

GLP-1 수용체 작용제의 가장 흔한 부작용은 위장관에서 나타난다. 대표적으로 메스꺼움, 구토, 설사가 있다. 이러한 부작용은 보통 GLP-1 수용체 작용제 치료를 시작할 때나 용량을 높일 때 가장 두드러진다. 이를테면 위 배출 속도가 감소하는 등의 약물 효과와는 관련이 적고 대신 중추신경계 GLP-1 수용체와의 직접적인 상호작용으

로 인해 발생할 가능성이 크다. 메스꺼움은 최대 25%, 구토나 설사는 최대 10%의 환자에서 보고되는데 대부분 일시적이며 투약을 지속하면 사라지는 경우가 많다.

위장관 부작용의 발생 시점은 일반적으로 피하주사 후 수 시간에서 수일 후에 나타나는데, 각 약제가 혈중 농도 최대치에 도달하는 시간(Tmax)과 관련이 있다. 이를 방지하기 위해 천천히 용량을 늘려가는 상향 적정 요법이 권장된다. 인슐린과 GLP-1 제제가 혼합된 약제의 경우, 아주 낮은 용량부터 천천히 상향 적정하게 된다. 그렇게 되면 위장관 부작용 발생 빈도가 절반으로 줄어든다.

실제로 진료실에서 GLP-1 제제를 처방해보면 매우 낮은 용량에서도 위장관 부작용이 생기는 환자들이 있다. 흥미롭게도 먹는 세마글루타이드를 사용한 최근 연구에서는 치료를 중단한 환자 중 대부분이 가장 낮은 초기 용량에서 중단했다. 이러한 사실로 미루어볼 때 위장관 부작용에 대한 민감도가 개인별로 많이 다른 것 같다. 또한 메스꺼움, 구토, 설사 발생률은 일반적으로 백인보다 동아시아인(특히 일본인)에게서 낮게 나타난다. 이는 문화적 배경과 식습관이 GLP-1 수용체 작용제로 인한 메스꺼움 유발에 영향을 미칠 수 있음을 암시한다고 할 수 있다.

GLP-1 제제에 의한 메스꺼움과 구토는 약물의 혈중 농도가 갑자기 상승하는 것과 관련이 있다. 따라서 반드시 의사의 지시에 따라 소량부터 시작해 서서히 용량을 올려야 한다. 예를 들어 삭센다의 경우, 용량을 1주 간격으로 0.6, 1.2, 1.8, 2.4, 3.0mg까지 올려서 맞고 있다가 투약을 임의로 1개월간 중단한 후 다시 주사를 시작하면서 3.0mg부터 맞기 시작한다면 메스꺼움과 구토가 심하게 나타날 수 있으니 주의가 필요하다.

기름진 음식이나 자극적인 음식 그리고 개인별로 특별히 메스꺼움과 구토를 유발하는 음식이 있다면 피하는 것이 큰 도움이 된다. 소화가 잘되는 부드러운 음식을 소량씩 자주 먹는 것도 도움이 된다. 메스꺼움과 구토가 발생한다고 해서 물도 먹지 않는다면 탈수의 위험이 있으니 충분한 수분 섭취를 하는 것이 좋다. 콩팥 기능이 좋지 않은 일부 환자는 구토로 인해 심한 탈수가 발생하여 콩팥 기능이 더욱 나빠지는 경우가 보고된 바 있다. 메스꺼움과 구토로 음식 섭취가 어렵고 몸 상태가 좋지 못하다면 의사의 진료를 받고 필요 시 수액 요법을 받는 것이 도움이 된다.

주목할 만한 한 가지 발전 사항은 모든 GLP-1 수용체 작용제의 펩타이드 특성에도 불구하고 세마글루타이드는 이제 경구 투여가 가능하다는 것이다. 흡수 증진 분자인 SNAC와 세마글루타이드를 같이 복용하면 위 점막을 통한 흡수가 가능하다. 그러나 경구 투여 후 생체 이용률이 1% 전후로 낮기 때문에 주사제에 비해 100배에 이르는 용량을 복용해야 한다.

일반적으로 세마글루타이드는 주 1회 주사하지만 경구용 세마글루타이드는 매일 공복에 복용해야 한다. 약은 120ml 정도의 물과 함께 복용하고, 복용 후 30분 동안은 다른 음식, 음료 또는 약물을 투여하면 안 된다. 약의 흡수에 나쁜 영향을 주기 때문이다. 이 약은 리벨서스(Rybelsus)라는 이름으로 출시되어 일부 국가에서 처방되고 있다. 현재는 당뇨병 치료제 용량으로 만들어져서 3mg, 7mg, 14mg 제형으로 나와 있다. 최근에는 50mg까지 용량을 올려서 경구 복용한 결과 체중이 15% 수준으로 빠져서 비만 치료제로서도 유망하다.

아미노산으로 구성된 펩타이드를 경구 복용하면 단백 분해효소와 위산에 의해서 분해되기 때문에 앞서 언급한 바와 같이 SNAC라는 흡수 증진 분자를 병용해야 한다. 또 매일 공복에 특별히 시간을 할애해서 복용하는 노력을 기울여야 하므로 불편한 점이 있다. 그런데 일반적인 약처럼 화학물질로 이루어져 있다면 훨씬 복용이 편리할 것이다.

일라이 릴리는 오르포글리프론(orfoglipron)이라는 소분자(small molecule) 약물을 개발했는데, 이 약은 GLP-1 수용체에 결합해 GLP-1과 동일한 효과를 나타낸다. 이 약제도 약 15%의 체중 감량을 유도할 수 있기 때문에, 2형 당뇨병뿐만 아니라 비만 치료에도 크게 기대된다. 화이자에서도 비슷한 방식으로 작용하는 로티글리프론(lotiglipron)의 개발을 진행 중이다. 오르포글리프론 및 로티글리프론 모두 식사 30분 전에 공복 상태에서 복용해야 하는 번거로움이 없다. 식사와 무관하게 복용하면 된다.

그렇다면 새롭게 개발되는 주사제에는 어떤 것들이 있을까? 최근 치열한 개발 경쟁에 있는 약제들은 여러 수용체를 동시에 자극할 수 있는 단일 펩타이드 약물이다. GLP-1, GIP, 글루카곤 수용체는 구조가 매우 유사하여 단일 펩타이드로 동시에 자극할 수 있을 가능성이 점쳐진 바 있다. 실제로 장에서 분비되는 옥신토모듈린은 인슐린 분비를 촉진하고 체중을 줄이는 작용이 있었으나, 이 호르몬에 대한 수용체는 발견되지 않았다. 그러나 옥신토모듈

새롭게 개발되고 있는 약제

이름	제조사	작용 수용체
레타트루타이드 (Retatrutide)	일라이 릴리(Eli Lilly)	GLP-1, GIP, 글루카곤
서보두타이드 (Survodutide)	베링거인겔하임 (Boehringer Ingelheim) & 질랜드 파마(Zealand Pharma)	GLP-1, 글루카곤
마즈두타이드 (Mazdutide)	이노벤트 바이오로직스 (Innovent Biologics)	GLP-1, 글루카곤
코타두타이드 (Cotadutide, MEDI0382)	아스트라제네카(AstraZeneca)	GLP-1, 글루카곤
에피노페그두타이드 (Efinopegdutide)	MSD	GLP-1, 글루카곤
펨비두타이드 (Pemvidutide)	알티뮨(Altimmune)	GLP-1, 글루카곤

린이 독자적인 수용체 없이, GLP-1 수용체와 글루카곤 수용체에 동시에 작용함이 알려짐에 따라 이러한 연구에는 더욱 불이 붙었다.

일라이 릴리 연구소에 있다가 2003년 미국 인디애나대학에 부임한 리처드 디마치(Richard DiMarchi) 교수는 독일의 의사 과학자인 마티아스 춉(Matthias Tschöp) 교수와 의기투합하여 관련 연구를 시작하였다. 두 사람은 마침내 단일 펩타이드를 통해 GLP-1과 글루카곤, GLP-1, GIP와 글루카곤을 동시에 자극하는 데 성공했다. 이들의 연구 결과는 일라이 릴리에서 GLP-1과 GIP 수용체에 동시 작용하는 터제파타이드(마운자로 혹은 젭바운드)와 GLP-1, GIP, 글루카곤 수용체에 동시 작용하는 레타트루타이드를 개발하는 데 영감을 주었다. 수많은 약제가 새롭게 개발되고 있으나, 그중 일부를 표로 요약하였다.

최근에 개발 중인 약제들은 GLP-1 수용체에만 작용하는 것이 아니라 다른 수용체에 동시에 작용한다. 대표적인 것이 이미 개발되어 처방에 사용되고 있는 일라이 릴리의 터제파타이드(마운자로 또는 젭바운드)인데 이 약은 GLP1-

과 GIP 수용체에 모두 작용한다. 노보 노디스크도 GLP-1과 GIP 수용체에 모두 작용하는 약을 개발했었는데, 효과가 GLP-1 수용체에만 작용하는 리라글루타이드와 비슷한 것으로 나타나 개발이 중단된 바 있다.

또 한 가지 특이한 점은 GIP 수용체 작용제가 아닌 GIP 수용체 길항제(자극이 아닌 억제 작용을 나타냄)와 GLP-1이 결합한 약제도 강력한 체중 감량 효과를 나타낸다는 것이다. 암젠(Amgen)에서 개발한 마리타이드(Maritide 또는 AMG133 또는 maridebart cafraglutide)라는 이름의 월 1회 주사제가 바로 그것이다. GIP 수용체에 작용하는 항체에 GLP-1 제제를 붙여 놓은 형태의 약이다. 월 1회 주사라는 장점이 있고, 초기 임상시험 결과가 매우 훌륭하게 나온 상태였다. 2024년 11월 매스컴에 보도된 임상 2상 시험에서는 비만 또는 과체중인 성인 592명을 대상으로 마리타이드 또는 위약을 투여했더니, 마리타이드 투여군 중에서 비만과 과체중만 있고 2형 당뇨병이 없는 사람은 투약 52주차에 20%의 체중 감량 효과가 나타났고, 비만과 과체중이면서 2형 당뇨병도 있는 사람은 17%의 체중 감량 효

과를 보였다.[23]

최근의 추세는 글루카곤 수용체에 동시에 작용하는 약을 개발하는 것이다. 글루카곤 수용체를 통하여 간에서 지방을 연소하여 지방간 치료에 도움을 받고자 한다. 그뿐만 아니라 체중 감소에도 더욱 강력한 효과를 보인다. 일라이 릴리에서는 GLP-1, GIP에 더하여 글루카곤 수용체에까지 작용하는 레타트루타이드를 개발 중이다. 이 약은 터제파타이드보다 더욱 강력하여 체중을 20~25%까지 줄일 수 있을 것으로 큰 기대를 모으고 있다.

나머지 약제들은 GLP-1과 글루카곤 수용체에 동시에 작용한다. 글루카곤의 작용이 상대적으로 셀 경우는 글루카곤의 혈당 상승 작용으로 인해 혈당 조절에는 큰 도움이 되지 않을 수 있다(펨비두타이드의 경우는 혈당 호전은 거의 없다). 그러나 글루카곤의 작용으로 인해 지방간이 크게 좋아질 수 있다는 장점이 있다. 앞서 표에 기재된 코타두타이드의 경우 매일 주사를 맞아야 하는 제형인데, 아스트라제네카는 주 1회 제형 개발을 위해 이 약제의 개발은 중단하였다. 에피노페그두타이드는 국내 제약사인 한미약품이 개발한 약으로 2020년 다국적 제약기업인 MSD로 라이선스 아웃하였다. 2023년 일반적인 지방간보다 더 진행한 형태인 지방간염 치료제로 미국식품의약국으로부터 패스트트랙 개발 승인을 받았다.

국내 제약 기술도 엄청난 발전을 이루어서 우리 제약기업들도 신약 개발에 앞다투어 뛰어들고 있다. GLP-1 관련 제제들도 개발 경쟁이 대단하다. 그중 단연 한미약품의 약진이 눈에 띈다. 십 수 년 전부터 해외 학회를 나가면 저명한 석학들이 한미약품의 신약 파이프라인을 강의 자료에 넣어서 발표할 정도였다.

한미약품은 랩스커버리(LAPSCOVERY)라는 이름의 혁신적 플랫폼 기술을 이용하여 바이오 의약품의 반감기를 늘리는 데 성공하였다. 이 기술을 바탕으로 주 1회 투여하는 GLP-1 수용체 작용제인 에페글레나타이드(efpeglenatide)를 개발했다. 이 제제는 사노피와 함께 진행한 글로벌 3상 임상에서 2형 당뇨병 치료에 우수함을 증명했다.[24] 현재는 국내에서 비만 치료제로써 효과를 증명하는 3상 임상시험이 진행 중이다. 또한 한미약품은 GLP-1 및 글루카곤 수용체에 동시 작용하는 약제를 랩스커버리 플랫폼에 붙인 에피노페그듀타이드(efinopegdutide)를 개발하였고 다양한 대사 질환 치료제로써 가능성을 태핑해왔으며, 현재 임상 2상 단계에서 대사 이상 관련 간염(비알코올성 지방간염) 치료 제로써의 효능을 평가 중이다.

한미약품은 최근 가장 뜨거운 영역인 GLP-1, GIP, 글루카곤 3중 작용제에 대한 파이프라인도 보유 중이다. 이 제제를 랩스커버리 플랫폼에 붙인 에포시페그트루타이드(efocipegtrutide)가 바로 그것이다. 이 약제는 대사 이상 관련 간염(비알코올성지방간염) 2b상 임상시험에서 대사 이상 관련 간염 및 섬유증 치료제로써 효능을 평가 중이다. 그리고 전임상 연구 결과 및 비만/대사 이상 지방간(비알코올성지방간) 환자를 대상으로 한 1상 임상시험과 초기 2상 임상시험에서 증명된 효능을 바탕으로 미국식품의약국으로부터 패스트트랙 개발 약제로 지정받았다. 또한 특발성 폐섬유증, 원발성 담즙성 담관염, 원발성 경화성 담관염의 희귀의약품 지정을 받는 등 적응증 확장의 잠재력을 지녔다.

동아ST는 자회사인 뉴로보 파마슈티컬스(NeuroBo

Pharmaceuticals)와 함께 'DA-1726'이라는 코드명을 가진 약제를 개발하였다. 이 약제는 옥신토모듈린 유사체(oxyntomodulin analogue)로서 GLP-1과 글루카곤 수용체에 동시 작용한다. 한미약품의 에피노페그듀타이드와 같은 계열의 약물이다. DA-1726은 비만 치료제로 개발 중으로, 글로벌 1상 임상시험이 진행되고 있으며, 2025년 상반기에 종료될 예정으로 알려졌다.

이들을 제외한 다른 기업들에서는 해외 제약사와 공동 개발하거나 특허가 만료되는 약제를 제네릭(일반의약품)으로 개발한 약제를 도입하는 노력을 하고 있다. 2024년 HK이노엔은 중국 바이오기업 사이윈드 바이오사이언스(SCIWIND BIOSCIENCES CO., LTD.)와 GLP-1 유사체 '에크노글루타이드(ecnoglutide, XW003)'의 국내 개발 및 상업화를 위한 라이선스 및 파트너십 계약을 체결하였다. 프로젠은 GLP-1과 GLP-2 수용체에 대한 이중 작용제인 'PG-102'를 개발 중이다. 2024년 미국 당뇨병학회가 발표한 내용에 따르면 PG-102는 인슐린 분비 증가 및 인슐린 저항성 개선 작용이 있다고 한다. 현재는 2상 임상시험이 진행 중인 것으로 알려졌다. 한독은 자체 개발은 아니지만, 인도 소재의 제네릭/바이오시밀러 개발 제약사 바이오콘(Biocon)과 리라글루티드 성분 비만 치료제에 대한 국내 독점 판매 및 유통 계약을 체결했다.

SF 속 유전자 치료, 상상은 현실이 된다

유전자 치료는 한때 공상과학영화에서나 나올법한 것으로 여겨졌지만, 최근에는 유전적 결함을 수정하거나 질병과 관련된 유전자의 기능을 조절하는 방식으로 질병을 치료하는 새로운 접근 방식으로 주목받고 있다. 나아가 실제로 임상에서 치료 목적으로 이용되고 있다.

가장 대표적인 약이 노바티스에서 개발한 척수성 근위축증 치료제인 졸겐스마(Zolgensma)다. 이 약은 2020년 보험급여에 등재되면서 약가가 20억 원에 달한다는 사실이 알려져 충격을 줬다. 척수성 근위축증은 SMN1 유전자의 돌연변이로 인해 발생하는 희귀한 유전 질환이다. 운동 신경세포의 손실을 유발하여 근력 약화 및 운동 기능 저하가 나타난다. 어린아이가 목을 가누지 못하고 팔다리의 힘이 없고 심한 경우, 호흡에 사용하는 근육까지 침범하기도 한다. 졸겐스마는 AAV9(Adeno-Associated Virus 9)이라는 이름의 바이러스를 벡터로 사용하여 정상 유전자를 운동 신경세포에 전달하는 방식으로 이 병을 치료한다. 단 한 번의 정맥 주사를 통해 결핍된 유전자를 보충하는 치료제다.

그렇다면 GLP-1 유전자를 몸에 전달하여 많은 양의 GLP-1이 만들어지도록 한다면 비만이나 2형 당뇨병 같은 질병을 치료하는 데 큰 도움이 되지 않을까? 매일 혹은 주 1회 주사 맞을 필요 없이 평생 몸속에서 GLP-1이 많이 만들어지게 함으로써 쉽게 치료할 수 있지 않을까?

2024년 6월 미국 당뇨병학회에서 프랙틸 헬스(Fractyl Health)가 레쥬바(Rejuva)라는 이름의 GLP-1 유전자 치료제 연구 결과를 발표하여 주목을 끌었다. 레쥬바 역시 졸겐스마처럼 AAV9 바이러스를 벡터로 이용하여 췌장에 GLP-1 유전자를 전달하여 췌장 베타세포에서 발현하도록 한다. 졸겐스마와 마찬가지로 한 번 투약으로 평생 효과를 보는 것을 목표로 하고 있다. 학회 발표에 따르면 레쥬바를 생쥐의 복강으로 투여한 후 체중 감소와 혈당 감소가 나타나는 것이 확인되었다고 한다. 만약 사람에게 투여한다면 직접 췌장에 유전자를 전달하는 방식이 될 것이라고 한다.[25]

그리고 음식을 섭취할 때만 GLP-1이 발현되도록 특정 프로모터(promoter)를 사용하는 방법도 연구되고 있다. 이로써 과도한 GLP-1 분비를 방지하고 췌장에서만 유전자가 발현되도록 조절하여 다른 조직에서의 불필요한 발현을 막고자 하는 것이다. 아직은 꿈만 같은 이야기이지만, 머지않은 미래에 유전자 치료를 통한 GLP-1 요법이 가능한 날이 오기를 기대해본다.

한편 GLP-1 치료제는 최종 목적지는 어디일까? GLP-1과 관련된 약제 개발에서 초기 단계는 혈당 조절에 중점을 두었다. 이후 용량을 증가시키고 좀 더 강력한 약제가 개발되면서 비만인의 체중 조절로 목표가 옮겨갔다. 또한 GLP-1뿐만 아니라 GIP, 글루카곤의 작용까지 아우르는 약제가 개발되어 더욱 강력하고 다양한 작용을 기대할 수 있게 되었다. 최근에는 췌장 베타세포에서 분비되어 혈당과 식욕을 조절하는 아밀린(amylin)이라는 호르몬이 약제로 개발되고 있으며, 단독으로 혹은 GLP-1과 함께 투여함으로써 혈당 및 체중에 미치는 영향이 연구 중이다.

혈당 및 체중 조절을 넘어서, 지방간 관련 질환, 심혈관 질환, 콩팥 질환, 신경 퇴행성 질환 등 다양한 만성 질환이 새로운 타깃이 되고 있다. GLP-1 제제가 2형 당뇨병 치료에 사용된 지 벌써 20년, 비만인의 체중 감소를 위해 사용된 지 벌써 10년이 지난 지금 시점에 GLP-1 및 위장관 호르몬은 그야말로 전성기를 맞고 있다. 덕분에 우리 인류의 건강은 한층 더 좋아지는 호시절이 되었다. 앞으로의 연구할 과제는 무궁무진하며 그에 따라 무한한 발전이 있을 것으로 보인다.

슈퍼 호르몬으로 이루는 저속 노화

GLP-1 제제 사용과 관련해 '오젬픽 얼굴(Ozempic face)' 이라는 용어가 등장했다. 중년 이후의 환자가 급격한 체중 감소로 인해 얼굴 지방이 줄어들면서 피부가 처지고, 결과 적으로 나이가 들어 보이는 현상을 의미한다. 그러나 외형 적 변화와 달리, 신체 내부에서는 완전히 다른 과정이 진 행되고 있다(참고로 젊은 비만인들은 살을 빼면 오히려 더 젊어 보인다. 오젬픽 얼굴은 피부 탄성이 감소해 있는 중년 이후의 비만인들이 살을 급격 히 뺄 때 흔히 나타난다).

앞서 살펴본 바와 같이 GLP-1 제제를 투여한 경우 고 혈당, 고혈압, 고지혈증, 과체중 혹은 비만 등이 개선된다.

더 나아가 심혈관 질환 및 신장 질환이 줄어든다. 심지어는 퇴행성 신경 질환의 예방 및 치료 가능성까지 점쳐지고 있다. 그야말로 만병통치약이 아닌가라는 생각이 들 정도이다. 어떻게 이런 일이 가능할까? 이 질환들은 모두 각각의 발생 기전을 가지고 있기 때문에 한 가지 약으로 이 질환들을 동시에 호전시키거나 치료하는 것은 불가능하다. 하지만 여러 임상시험을 통해서 실제로 GLP-1 제제들이 이 질환들을 크게 호전시킴을 밝혀냈다. 그렇다면 이러한 질환들의 공통분모를 GLP-1 제제가 건드리는 것이 아닐까? 이들 질환의 발병 기전에 관여하는 요소들을 모아서 인수분해를 통해 공약수를 찾아보면 흥미롭게도 '노화'로 그 해답이 수렴됨을 알 수 있다.

노화는 모든 생명체가 겪는 공통적인 현상이다. 노화의 특성을 4개의 I로 요약한 4I가 있다. 첫째, 노화는 불가피하다(Inevitable). 둘째, 노화는 불가역성이 있다(Irreversible). 셋째 노화는 개별성이 있다(Individual). 즉, 노화의 속도와 양상은 개인마다 다르게 나타나며 유전적 요인, 생활 습관, 환경적 요인 등에 의해 영향을 받는다. 넷

째, 노화는 내재적인 특징이다(Intrinsic). 노화는 생명체 내부의 생물학적 요인에 의해 발생하며 세포의 손상 축적, 유전자 변이, 대사 과정의 변화 등과 관련이 있다. 4I 중에서 개별성 및 내재성에 대해서는 별다른 이견이 없으나, 불가피성 및 불가역성에 대해서는 최근 강한 도전이 있다.

"왜 노화는 불가피한 운명이라야 하는가?"
"왜 노화의 불가역성을 받아들여야 하는가?"

많은 과학자가 이런 질문을 던지며 연구에 매진하고 있다.

당뇨병, 고혈압, 고지혈증, 심혈관 질환, 알츠하이머병, 파킨슨병의 발생 기전을 연구해보면 이들 질환은 모두 '노화'라는 위험 인자를 공통으로 가지고 있다. 예를 들어 어떤 질환의 위험 인자로서 성별, 나이, 체중, 혈압, 흡연, 운동 부족이 있다고 하자. 이 중에서 체중, 혈압, 흡연, 운동 부족은 우리의 노력으로 변화시킬 수 있다. 그래서 가변(modifiable) 위험 인자라고 한다. 그러나 성별, 나이의 경우에는 불가변(non-modifiable) 위험 인자라고 한다. 그러나 현재의 의학은 이러한 불가변 위험 인자를 가변 위험 인자로 바꾸려고 하고 있다. 특히 노화의 불가피성, 불가역성에 대해서 도전장을 던지고, 노화 과정을 차단함으로써, 당뇨병, 고혈압, 고지혈증, 심혈관 질환, 알츠하이머병, 파킨슨병 등을 동시에 치료하려는 시도가 있는데, 이를 노화 과학(geroscience)라고 한다. 노화 과학의 특징은, 위에서 열거한 병들을 개별적으로 하나하나 다른 방식으로 치료하는 것이 아니라, 공통분모인 노화를 치료함으로써 한꺼번에 치료하겠다는 데 있다. 그러나 아직 노화 과학은 가설에 불과하며, 여러 과학자가 노화 과학적 접근을 통해 노화 관련 만성 질환 치료를 위해 노력하고 있다.

그렇다면 GLP-1 제제는 노화 과학에서 찾고 있던 성배(holy grail)라는 말인가? 지금까지 노화를 조절할 수 있는 가장 가능성이 큰 접근법은 칼로리 제한이다. 현대인들은 과거에 비해 칼로리 섭취량이 많다. 칼로리 섭취량이 변하지 않았다고 하더라도, 이동수단의 발달 등으로 인해 칼로리 소모량이 확연히 줄어들었다. 이러한 상황에서 잉여 칼로리가 넘쳐나면서 비만과 각종 대사 질환의 위험이 증가한다. 칼로리 섭취를 줄이면 수명이 연장됨이 다양한 종류의 동물 실험을 통해 밝혀진 바 있다. GLP-1 제제는 공통적으로 식욕을 억제하고 포만감을 증가시킴으로써 체중을 감소시킨다. 체중 감소 폭은 약제의 종류와 용량에 따라서 약 1~2kg 정도 감소되는 수준부터 20~25kg까지 감소되는 경우까지 다양하다. 결국, 이러한 체중 감소가 노화 속도를 조절할 가능성이 있다.

그러나 과거에 처방된 비만 치료제의 경우 체중을 감소시키더라도 최근에 관찰되고 있는 GLP-1 제제에 필적하는 효과를 보여주지는 못하였다. 2010년 리덕틸(Reductil)이라는 상품명으로 당시 비만 치료제로 널리 쓰이던 시부트라민(sibutramine)의 심혈관 안전성에 대한 연구 결과가 발표되었다.[26] 당시 55세 이상의 과체중이거나 비만인 1만 744명을 대상으로 6주 동안 시부트라민을 투약하면서 체중 관리 프로그램을 병행하여 체중을 줄였다. 이후 참가자들을 시부트라민과 위약 투약군으로 각각 임의 배정하였고 3.4년간 약 또는 위약을 계속 쓰면서 관찰하였다. 그 결과 시부트라민 투약군에서 위약 투약군에 비해서 추가적인 체중 감량이 있었지만, 시부트라민 투약군에서 비치명적 심근경색이 1.28배, 비치명적 뇌졸중 발생이 1.36배 증가하였다. 이로 인해 당시 잘 나가던 시부트라민은 시장에서 철수하게 된다. 이러한 연구 결과를 고찰해보면, 단순히 체중을 줄여준다고 해서 노화 관련 질환을 호전시킨다는 보장이 없음을 알 수 있다.

그렇다면 칼로리 섭취 제한 외에 다른 요인이 무엇이 있을까? 좀 더 자세히 인수분해를 해 보면 '염증'이 있다는 사실을 알게 된다. 염증은 노화와 밀접한 관련이 있다. 영어로 노화는 'aging', 염증은 'inflammation'이다. 이 둘 간의 관계가 깊어서 염증에 의한 노화를 영어로 'inflammaging'이라고 부를 정도이다. 2형 당뇨병 환자에서 경구용 및 주사용 세마글루타이드의 혈당 감소 효과를 평가한 다수의 임상시험 중 4개에서 염증 지표인 hsCRP를 측정한 바 있다. 이 4개의 임상시험 중 만성 콩팥병 환자를 대상으로 수행된 연구 하나를 제외하고, 나머지 3개에서는 hsCRP가 세마글루타이드 투여군에서 기저

치 대비 25~30%가량 감소하였다.[27] 세마글루타이드를 심장 수축력이 유지되어 있으나 심부전을 보이는 환자에게 투여했을 때에는 위약군에 비해 hsCRP를 유의미하게 감소시켰다 (기저치 대비 세마글루타이드 투약군에서는 43.5% 감소, 위약군에서는 7.3% 감소).[28] 터제파타이드도 수면 무호흡을 동반한 비만 환자에 투여했을 때, hsCRP를 위약군에 비해 2~4배가량 더 큰 폭으로 감소시켰다.[29]

종합하면 GLP-1 제제는 칼로리 섭취 감소와 염증 감소를 통해 노화 과학 가설을 만족하는 것으로 보인다. 즉, 노화의 근본 기전에 작용함으로써, 노화와 관련된 다양한 질환들을 동시에 호전시키는 것이 아닐까 추정된다. 최근 '느리게 나이 들자'는 저속 노화가 많은 대중의 관심을 끌고 있다. 비단 중년 이후의 사람뿐만 아니라 젊은 층에서도 저속 노화에 관심이 많다. 앞으로 좀 더 연구를 해봐야 확실히 밝힐 수 있겠지만, GLP-1을 위시한 장 호르몬이 그야말로 슈퍼 호르몬으로서 노화 관련 질환까지 정복할 수 있을지 깊은 관심을 가지고 함께 지켜보자.

8장
—

위장관 수술을 둘러싼
오해와 진실

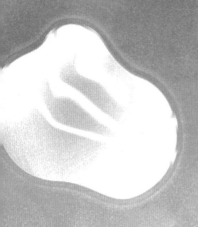

비만 대사 수술의 결과 가운데 하나는
심혈관 위험인자가 줄어들고,
이에 수반하여 심혈관 사건 발생과
심혈관 사망이 줄어든다는 것이다.
암 발생이 줄어들고 연령, 성별, 위험인자
보정 사망률의 감소는 29%에 달한다.
삶의 질 또한 크게 개선된다.

비만도 수술할 수 있다?

서울대병원 외과의 위장관외과팀은 훌륭한 수술 기법과 연구 능력으로 전 세계적으로 유명하다. 위암이 많은 우리나라 특성상 특히 위암 수술 분야에서 독보적인 위치를 차지한다. 그러나 요즘은 새로운 과제가 생겼다. 바로 비만과 2형 당뇨병을 가진 환자를 수술로 치료하는 것이다.

내분비내과를 전공하는 나 역시도 비만과 2형 당뇨병이 동반된 환자는 치료하기 몹시 어렵다. 체중 조절도 어렵고 혈당 조절도 어렵다. 그런데 위장관외과팀에서 비만 대사 수술을 시행하면, 수술 다음 날부터 급격히 혈당이 감소하고 체중은 6개월에서 1년에 걸쳐 25~30%까지 빠진다. 많은 경우에서는 인슐린이나 먹는 당뇨병약을 끊게 되고, 혈압약, 고지혈증약도 끊게 되는 경우가 많다.

1995년 미국의 W. J. 포리스(W. J. Pories) 박사는 「누가 생각이나 했을까? 한 수술이 성인 발병 당뇨병의 가장 효과적인 치료법으로 입증될 것을(Who would have thought it? An operation proves to be the most effective therapy for adult-onset diabetes mellitus)」이라는 다소 도발적인 제목의 논문을 게재했다. 포리스 박사는 14년 동안 608명의 병적 비만 환자들에게 위 우회술을 시행했다. 이 수술은 위의 기능적 용량을 약 30mL로 줄이고 약 0.8~1.0cm 크기의 위 출구를 통해 소장으로의 위 배출을 지연시키며 40~60cm의 루와이 위 공장 문합술로 십이지장과 상부 공장을 제외함으로써 칼로리 섭취를 제한하는 것이다. 수술 전 평균 체중 150kg이던 사람이 수술 1년 후 96kg으로 줄었고, 10년 후에는 103kg 정도로 유지되었다.

놀랍게도 수술을 받은 2형 당뇨병 환자 146명 중 121명(82.9%)과 내당능 장애가 있던 152명 중 150명(98.7%)이 정상 수준의 혈당, 당화혈색소, 인슐린 수치를 유지했다. 체중 및 2형 당뇨병 조절 외에도, 위 우회술은 고혈압, 수면 무호흡증, 심폐 기능 부전, 관절염, 불임 등 비만의 다른 동반 질환들도 교정하거나 완화시켰다. 포리 박사는 "다른 어떤 치료법도 당뇨병을 이토록 지속적이고 완전하게 조절하지 못했다"라고 주장하였다. 현재 우리나라에서도 비만 및 이에 동반된 합병증(대표적으로 2형 당뇨병) 치료를 위해 비만 대사 수술이 활발히 이루어지고 있다.

의학의 도전, 장을 재단하다

서울대병원에서 위장관을 담당하는 교수에게 어떤 수술이 비만 치료에 가장 좋은지를 물은 적이 있다. 농담 반 진담 반으로 "입을 꿰매는 것"이라는 답이 돌아왔다. 실제로 과거에는 와이어로 턱을 고정하는 방법(jaw wiring)이 있었다. 턱 고정술은 1970년대와 1980년대에 시행된 바 있는데, 구강 내에 넣는 장치를 통해 위턱과 아래턱이 고정되도록 하여 음식을 씹지 못하게 만들었다. 강제로 못 먹게 하는 것과 마찬가지인데, 식욕을 줄이지는 못하였기 때문에 고통스러운 장치였다. 구강 위생 등에도 문제가 생길 수 있고, 장기적으로 지속 가능한 방법이 아니기 때문에 현재는 사용하지 않는다.

입을 꿰매거나 턱을 고정하지 못한다면, 그다음 단계
는 위장의 목을 졸라매는 것이다. 위 밴드술이라고 알려진
이 수술 방법은 식도 직하방의 위에 밴드를 묶는다. 밴드
에는 식염수가 들어가면 팽창하는 부분이 있어서, 밴드와
연결된 복벽의 장치를 통해 식염수를 넣거나 빼면, 밴드가
조이고 풀리고 하는 과정을 통해 음식 섭취가 가능한 양
을 조절하게 되어 있다. 밥을 크게 한 숟가락 먹으면, 밴드
가 조이는 부분에 턱 걸리면서 아주 불쾌하고 고통스러운
경험을 하게 된다. 무서워서 많이 못 먹게 되는 것이다.

이 수술의 가장 큰 단점은 위장관 호르몬의 분비에 영
향을 주지 않으며 식욕을 억제하지 못한다는 것이다. 어떤
환자들은 이렇게 말한다.

"선생님, 아이스크림은 먹는 데 특별한 문제가 없어요."
"크래커를 그냥 먹으면 좀 힘든데, 입안에 넣고 말랑말랑 녹
인 후에 삼키면 괜찮아요."

그리고 너무 힘들면 식염수를 빼내어 위장의 목을 조르는 것을 완화시킬 수 있는데, 이렇게 하면 더 많이 먹을 수 있다. 많은 환자는 식염수를 빼내어, 밴드를 느슨하게 유지하기를 원한다. 이러면 살은 안 빠진다.

그리고 너무 힘들면 식염수를 빼내어 위장의 목을 조르는 것을 완화시킬 수 있는데, 이렇게 하면 더 많이 먹을 수 있다. 많은 환자는 식염수를 빼내어, 밴드를 느슨하게 유지하기를 원한다. 이러면 살은 안 빠진다.

간혹 밴드로 묶어 놓은 위장이 밴드를 통해 미끌어지듯 이탈해 문제를 일으키고 밴드가 조금씩 위장을 파고 들어가는 문제가 나타나기도 한다. 2014년 유명 가수 신해철 씨가 위 밴드 수술 후 발생한 것으로 추정되는 장 합병증 치료 중 여러 문제가 발생하면서 사망한 사건이 있었다. 이후 이 수술은 국내에서는 거의 중단되었고 현재는 시행하고 있지 않다.

현재 가장 많이 시행하는 수술은 위 소매 절제술이다. 주머니 모양의 위장을 소매 모양으로 재단하는 수술이다. 수술을 통해 불룩한 주머니 모양의 위가 잘록한 바나나 모양으로 바뀐다. 이 수술은 단순히 위장의 용적을 줄여서 많이 먹지 못하도록 하는 수술로 알려진 적이 있다. 그러나 지금은 매우 복합적인 과정을 통해 식욕, 체중, 대사 조절을 하는 것으로 이해된다. 특히 GLP-1의 분비를 크게 높인다. 그래서 위 밴드술과는 달리 식욕을 억제한다.

수술이 비교적 간단하기 때문에, 초고도비만 환자에게 췌담도 우회술을 시행하기 전에 우선 위 소매 절제술을 먼저 시행하고 체중을 줄인 후 다시 수술하려고 했다가 의외로 위 소매 절제술 자체로도 체중 감량이 많이 일어나는 것이 밝혀져 널리 퍼지게 되었다. 소매 모양으로 만들어놓은 위장 내부의 압력이 높은 것이 특징인데, 이를 통해 위 배출이 빨라지면서 소장의 후방까지 음식물이 도달하여 GLP-1 분비를 증가시킨다. 반대로 위장 내부의 높은 압력이 식도 쪽으로 밀리면, 위산 역류 혹은 위식도 역류 현상이 생겨서 속 쓰림, 소화불량 등의 증상이 나타날 수 있다.

루와이 위 우회술은 앞서 포리스 박사가 시행한 수술이 현재에도 거의 유사하게 시행된다. 우선 위장의 용적을 30mL 정도로 아주 작게 줄여 놓았기 때문에 많이 먹을 수가 없고, 위에서 상부 공장으로 내려가는 입구를 조여 놓았기 때문에 더욱이 많이 먹을 수 없게 된다.

정상적으로는 위에서 십이지장 및 상부 공장으로 음식물이 내려가는데, 이 부위가 영양소가 가장 많이 흡수되는 곳이다. 십이지장과 상부 공장은 건너 뛰어버렸기 때문에 흡수에도 영향을 미친다. 담즙과 소화효소는 십이지장으로 분비되는데, 담즙과 소화효소가 분비되더라도 바로 음식물과 만나지 못한다. 긴 길을 외로이 흘러 내려와서 Y자 모양으로 장을 재단한 부위까지 도달하면(대개 1~1.5m 정도의 길이다) 비로소 입으로 섭취한 음식을 만나고(음식은 1.5m 정도의 길이를 그냥 내려와야 한다) 여기서 소화 흡수가 이루어지게 된다.

이러한 복잡한 과정을 통해 많이 먹지 못하고 소화 흡수도 영향을 받기 때문에 살이 빠진다. 소장의 하부 쪽으로 갈수록 GLP-1을 분비하는 L-세포가 많이 위치한다는 사실을 기억하는가? 루와이 위 우회술을 하면 소장 하부로 많은 양의 소화 흡수되지 않은 음식물이 내려가므로 많은 양의 GLP-1을 분비시키게 된다. 루와이 위 우회술

역시 위 소매 절제술과 마찬가지로 식욕 자체를 억제해 주는 효과가 있다. 위 소매 절제술과는 달리 위장 내부의 압력이 높지는 않기 때문에 위식도 역류 증상은 흔히 나타나지 않는다.

위장의 대부분은 음식물이 지나가는 통로에서 분리되어 그냥 남겨두는데 이렇게 해두면 내시경으로 관찰하는 게 거의 불가능해진다. 위암 발생률이 여전히 높은 우리나라에서는 위암 조기 검진을 위한 내시경 시술이 어려워, 많은 위장관 외과 의사들이 이 수술을 꺼리는 편이다. 어떤 외과 의사는 위장을 아예 제거해버리기도 한다. 이렇게 위장을 제거해버리면 원상 복구가 불가능해진다. 이외에도 루와이 위 우회술을 기반으로 한 다양하게 변형된 수술법이 있다.

담췌 우회술은 비만 대사 수술 중 가장 극단적인 방법이다. 소장의 전반부를 십이지장, 중반부를 공장, 후반부를 회장이라고 부르며, 전체 길이는 약 5~7m이다. 이 수술은 회장이 끝나는 부분에서 약 1m 떨어진 지점에 소화효소와 음식물이 각각 도달하여 만나도록 설계한다. 따라서

한눈에 살펴보는 대표적인 수술의 특징과 장단점

수술명	특징	장점	단점
위 밴드술 (Gastric Banding)	1) 조절 가능한 밴드를 위 상부에 배치하여 작은 주머니를 만듦 2) 음식 섭취를 제한하지만, 영양 흡수에 영향을 주지 않음	1) 가역적, 조정 가능, 덜 침습적 2) 다른 수술에 비해 영양 결핍의 위험이 낮음	1) 다른 수술에 비해 체중 감량이 적음 2) 빈번한 조정 필요 및 합병증(밴드 미끄러짐, 밴드 침투 등)이 발생할 수 있음
위 소매 절제술 (Sleeve Gastrectomy)	1) 위의 약 75~80%를 제거하고 좁은 튜브 모양의 소매 형태로 남김 2) 음식 섭취를 제한하고 배고픔 호르몬에 영향을 줌	1) 위 우회술 등과 비교할 때 더 간단한 수술, 효과적인 체중 감량, 이물질 없음 2) 당뇨병과 같은 대사 조건에 긍정적 효과	1) 비가역적, 비타민 결핍(비타민 B12, 철분 등) 가능성 잔존 2) 위산 역류 위험이 더 큼
루와이 위 우회술(Roux–en–Y Gastric Bypass)	1) 위는 작은 상부 주머니와 더 큰 하부로 나뉘게 되며 소장이 재배치되어 대부분의 위와 상부 소장을 우회함 2) 음식 섭취와 영양 흡수를 모두 줄임	1) 효과적인 체중 감량, 비만 관련 상태(당뇨병, 고혈압 등) 개선 2) 장기적으로 안전성 입증됨	1) 위 소매 절제술과 비교할 때 더 복잡한 수술, 합병증(누출, 영양 결핍 등)의 위험이 더 큼 2) 대부분에서 평생 보충제 필요 3) 위를 절제해내는 경우는 비가역적
담췌 우회술 (Biliopancreatic Diversion)	1) 위의 일부를 제거하고 소장의 상당 부분을 우회하는 더 광범위한 우회술을 시행 2) 음식 섭취를 줄이고 상당한 흡수 장애를 일으킴	1) 가장 큰 체중 감량 가능성, 특히 중증 비만에서 대사 상태의 현저한 개선	1) 가장 높은 영양 결핍 및 합병증 위험(단백질 결핍, 설사 등) 2) 비가역적

음식물은 음식물만, 담즙과 소화효소는 그들끼리만 먼 길을 내려와 서로 만난 다음, 고작 1m 남짓한 구간 내에서 소화되고 흡수되어야 한다. 따라서 음식을 많이 먹을 수도 없고 흡수도 잘 안 된다. 단백질을 비롯한 비타민, 미네랄 등의 영양 결핍이 문제가 되는 수술법으로 흔히 시행되지는 않고 초고도비만 환자를 대상으로 드물게 시행되고 있다.

이외에도 위 주름 성형술이 있는데, 이 방법은 위를 절제하지 않고 주머니 모양으로 생긴 위를 세로 방향으로 접어서 꿰매어 주머니 내의 용적을 줄여주는 수술이다. 복강경으로 시행할 수도 있고, 최근에는 내시경을 이용하여 시행하기도 한다. 위 소매 절제술도 결과적으로는 주머니 크기를 줄이는 수술법이지만, 위를 20~25%만 남기고 절제해내기 때문에 비가역적이다. 그러나 위 주름 성형술은 필요 시 봉합을 풀어주면 다시 원래 크기의 위로 돌아갈 수 있다는 장점이 있으면서 우수한 체중 감량 효과를 보인다.

수술이 호르몬에 미치는 영향

수술을 통해 장을 재단하기 때문에 장에서 분비되는 호르몬에도 큰 영향을 미친다. 다만 위 밴드 수술의 경우, 식도에서 위장으로 넘어가자마자 위장의 목에 해당하는 부위를 밴드로 졸라매는 형태라서 장 호르몬의 분비에는 영향을 주지 않는다. 따라서 식욕 자체를 변화시키지 못하는 단점을 구조적으로 가지고 있다.

위 소매 절제술의 경우에는 소매 모양으로 크기를 줄인 위장 내 압력이 올라가서 십이지장으로 빠른 속도로 배출되므로 소장의 후반부까지 소화 흡수되지 못한 음식물이 도달하게 된다. 이 부위에 많이 존재하는 L-세포가 분

수술이 장 호르몬에 끼치는 영향

	위 밴드	위 소매 절제술	루와이 위 우회술	담췌 우회술
그렐린(식욕 증가)	영향 없음	크게 감소	감소	큰 변화 없음
GLP-1(식욕 억제)	영향 없음	증가	증가	증가
GIP(식욕 억제?)	영향 없음	영향 없음	감소	감소
PYY(식욕 억제)	영향 없음	증가	증가	증가
옥신토모듈린(식욕 억제)	영향 없음	증가	증가	증가

* GIP는 식욕에는 별 영향이 없는 것으로 알려져 있었으나, 최근에는 GLP-1과 GIP 수용체에 동시에 작용하는 터제파타이드가 워낙 강력한 체중 감소 효과를 보여주어, 체중 감량 효과 측면에서도 재조명되고 있다.

비하는 호르몬인 GLP-1, PYY, 옥신토모듈린이 증가한다.

루와이 위 우회술과 담췌 우회술은 공통적으로 GIP를 생산 분비하는 K-세포가 주로 존재하는 십이지장으로 음식물이 지나가지 못하도록 설계되어 있다. 따라서 GIP 분비가 감소한다. 대신에 소장의 후반부로 소화되지 않은 음식물이 많이 도달하게 됨으로써 L-세포가 생산 분비하는 GLP-1, PYY, 옥신토모듈린이 증가한다.

위장관 호르몬 중에서 유일하게 식욕을 증가시키는 것이 그렐린이다. 그렐린은 위장에서 음식물을 담아놓는 기능을 하는 위저부에 주로 분비세포가 위치하는데, 이 부분을 완전히 다 잘라내는 수술이 위 소매 절제술이고, 일부를 잘라내는 것이 루와이 위 우회술이다. 따라서 이 수술을 시행하면 그렐린 분비가 감소하게 된다. 이처럼 식욕을 조절하는 다양한 호르몬의 분비 변화가 식욕과 에너지 대사에 영향을 주어 체중을 줄이는 데 기여한다.

수술 후 위장관이 재단된 모양이 다르므로 소화 흡수에 미치는 영향이 다르고 수술에 따른 위장관 호르몬 분비도 달라서 수술에 따른 체중 감량은 수술 기법에 따라 차이가 있다. 수술 전 체중을 기준으로 할 때 일반적으로 위 밴드 수술은 10~20%, 위 소매 절제술은 20~30%, 루와이 위 우회술은 25~35%, 담췌 우회술은 30~40%를 줄인다.

초과 체중은 적정 체중을 넘어선 체중이다. 예컨대 어떤 사람의 적정 체중이 70kg인데 현재 110kg이라면 40kg이 초과 체중이다. 이 초과 체중을 기준으로 보면 위 밴드 수술은 30~50%, 위 소매 절제술은 50~70%, 루와이 위 우회술은 60~80%, 담췌 우회술은 70~90%를 줄인다. 수술 후 1~3개월에 빠른 속도로 체중 감량이 일어나 6개월까지 감량이 이어지고, 수술 후 1년까지도 체중 감량이 계속되다가 이후로는 그대로 유지되거나 살짝 체중이 증가하는 것이 일반적이다.

그러나 체중 변화 곡선을 그려보면 사람마다 제각각이다. 루와이 위 우회술을 시행했을 때 수술 후 6개월까지는 대부분 체중이 빠진다. 그러나 2.1% 정도는 이후 체중이 크게 증가하며, 21.5% 정도는 다소 증가하며 46.5%는 빠진 체중에서 큰 변화 없이 유지한다. 23.8%는 2년 후까지 체중이 추가적으로 다소 감소하고 6% 정도는 2년 후까지 더 많이 감소한다.

"그들이 제 뇌를 수술하지 않은 게 확실해요? 음식이 더 이상 저를 부르지 않아요."

매사추세츠 종합병원의 비만 연구자 리 카플란(Lee Kaplan) 박사가 한 환자에게 들은 질문이다. 예전의 주체하기 힘든 식욕이 수술 후 사라졌기 때문에 질문한 것이었다. 심지어는 수술 후 건강한 식습관으로 돌아가는 경우도 있는데, 항상 기름지고 달콤한 음식을 찾던 사람이 "지금은 샐러드가 먹고 싶어요"라고 말했다고 한다. 미시간대학의 비만외과 의사 저스틴 디믹(Justin Dimick) 박사는 200파운드(약 100kg)를 감량한 여성이 수술 전에 맛있는 디저트를 먹으면서 이렇게 말했다.

"마치 뇌에서 쾌감의 오르가즘을 느낀 것 같았다."

수술 후에는 이런 음식을 쳐다봐도 별다른 감흥이 없었다고 했다.[30]

실제로 내가 만난 환자 중 한 분도 가만히 누워서 천장을 바라보면 햄버거들이 둥둥 떠다닌다고 했지만, 수술 후에는 이 같은 증상이 많이 완화되었다. 결국 수술 후에 나타나는 다양한 호르몬 변화에 의하여 식욕 중추에 혁명적 변화가 나타난 것이다. 수술 전과 같은 병적인 식욕이 사라지게 된 것이 체중 감소에 매우 중요하게 작용하는 것 같다.

그럼에도 불구하고 수술 후에도 식이요법, 운동요법을

잘 준수해야 만족스러운 결과를 얻을 수 있다. 환자에 따라서 수술 후 체중이 많이 늘어나서 다시 원상 복귀되는 경우도 있다. 위 우회술의 경우 위장을 30mL 수준만 남기고 나머지는 음식물이 지나가는 경로와는 분리된 상태로 두는데, 작게 만들어준 위장이 늘어나거나 위에서 소장으로 내려가는 입구가 늘어나거나 작게 만들어준 위와 남겨둔 나머지 위 사이에 통로가 만들어져 다시 많이 먹을 수 있게 되는 등이 원인이 되기도 한다. 이러한 때는 수술로 교정을 시도해볼 수 있다.

또 체중이 빠지면 동물은 '절전 모드'로 돌입하는 경향이 있다. 즉 에너지를 최대한 효율적으로 사용하기 위해 대사율을 낮추어버리는 것이다. 자동차로 따지면 연비가 증가하는 것과 같다. 이 문제를 극복하기 위해서는 운동을 통해서 근육량을 늘리고 대사율은 높여줘야 한다. 식이요법을 철저히 지키지 못하고 고칼로리 음식을 조금씩 자주 섭취하는 것은 당연히 체중 감량에 나쁘게 작용하며, 수술 후 다시 체중이 증가하는 데 기여한다. 따라서 수술했다고 해서 방심은 금물이다.

수술에 따른 체중 감량은 수술 기법에 따라
차이가 있다. 수술 전 체중을 기준으로 할 때
일반적으로 위 밴드 수술은 10~20%,
위 소매 절제술은 20~30%,
루와이 위 우회술은 25~35%,
담췌 우회술은 30~40%의 체중을 감량시킨다.

효과는 높이고, 재발율은 낮추고

1995년 미국의 포리스 박사는 「누가 생각이나 했을까? 한 수술이 성인 발병 당뇨병의 가장 효과적인 치료법으로 입증될 것을」이라는 제목의 논문을 통해 608명의 병적 비만 환자들에게 위 우회술을 시행한 성적을 공개했다. 이 가운데 2형 당뇨병 환자 146명 중 121명(82.9%)이 내당능 장애가 있던 152명 중 150명(98.7%)이 정상 수준의 혈당, 당화혈색소, 인슐린 수치를 유지했다. 체중 및 2형 당뇨병 조절 외에도, 위 우회술은 고혈압, 수면 무호흡증, 심폐 기능 부전, 관절염, 불임 등 비만의 다른 동반 질환들도 교정하거나 완화시켰음도 드러났다. 그러나 이러한 연구는 관찰 연구로서 대조군을 둔 무작위 배정 연구가 아니어서 비만 대사 수술이 얼마나 당뇨병을 호전시키는지는 알 수가 없었다.

2012년 이탈리아의 밍그로네(Mingrone) 교수는 60명의 비만 및 2형 당뇨병을 가진 환자를 대상으로 무작위 대조 연구를 시행하였다.[31] 환자군은 평균 나이 43세, 체중은 130kg 전후, 체질량지수는 45 전후로 굉장한 비만이었다. 당화혈색소(정상<5.7%; 6.5% 이상이면 당뇨병)는 8.5% 수준으로 혈당 조절이 잘되지 않았다. 이들을 각각 20명씩 세 그룹으로 무작위 배정하여 한 그룹은 식이요법, 운동요법 등 일반적인 내과 치료를 진행하고 한 그룹은 담췌 우회술을 하고 나머지 한 그룹은 루와이 위 우회술을 시행했다.

2년 후까지 관찰했을 때 담췌 우회술은 95%에서, 위 우회술은 75%에서, 일반 내과 치료는 0%에서 당뇨병 관해가 관찰되었다. 포리 박사의 1995년 논문이 옳았음을 과학적으로 증명해낸 순간이었다. 여기서 '관해(remission)'라는 개념이 등장한다. 당뇨병이 사라졌다는 것은 완치와는 다른 개념이다. 다시 재발할 수 있기 때문이다. 따라서 마치 암과 같이 언제라도 재발할 가능성을 염두에 두고 현재는 병이 사라졌다는 관해 개념을 사용한다. 당뇨병 관해는 당뇨병 치료제를 투여하지 않으면서 당화혈색소가 6.5% 미만인 경우로 정의한다.

그러나 모든 사람이 당뇨약을 끊고 당화혈색소 6.5% 미만으로 도달할 수 있는 것은 아니다. 임상 진료에서는 ABCD 점수를 계산하여 당뇨병이 관해에 도달할 확률을 계산한다. A는 나이(age), B는 체질량지수(body mass index), C는 인슐린 분비능을 나타내는 C-펩타이드, D는 당뇨병을 앓은 기간을 나타내는 'duration'의 영어 머리글자를 딴 것이다. 이 계산법은 대만의 유명한 비만 대사 수술 의사인 웨이제이 리(Wei-Jei Lee) 박사가 고안한 것이다.[32]

나이는 40세 미만이 좋고, 체질량지수는 높을수록 좋고, C-펩타이드는 3ng/ml 이상이면 좋고, 당뇨병 유병 기간은 짧을수록 좋아서 특히 발병 1년 이내라면 가장 좋다. 거꾸로 나이가 많고, 체질량지수가 얼마 높지 않으며, C-펩타이드 수치가 낮아서 인슐린 분비 능력이 낮고, 당뇨병을 앓은 지 오래되었다면, 수술하더라도 당뇨병 관해에는 도달하지 않을 수 있다. 그러나 개인차는 크며, 당뇨병 약을 모두 끊지는 못하더라도 인슐린을 중단한다든지 약을 4가지 쓰던 것을 1~2개로 줄인다든지 하는 정도로는 호전되는 경우가 많다.

식사량 감소에 따른 체중 감소가 인슐린 감수성(소량의 인슐린이 분비되더라도 혈당이 잘 떨어지는 성질) 호전에 매우 큰 영향을 미치며, 장에서 GLP-1 분비의 증가가 큰 역할을 하기 때문에 당뇨병이 호전되는 것으로 보인다. 그러나 생쥐를 이용한 실험을 비롯한 여러 연구에서 당뇨병 관해를 일으키는 개별적인 요소들이 명확히 알려진 바는 거의 없다. 대신 전장 가설, 후장 가설 등 많은 복잡한 이름의 설명이 있다. 아마도 여러 가지 요인이 복합적으로 작용하여 당뇨병 관해가 일어나는 것으로 추정된다.

당뇨병의 관해 외에도 비만 대사 수술의 효과는 단지 체중과 혈당 조절에서 끝나지 않는다. 스웨덴에서 비만 환자를 대상으로 이루어진 SOS(Swedish Obesity Study)에서 비만 수술을 시행한 결과 수술 후 2년째에 현저한 체중 감소와 함께 당뇨병, 고혈압, 이상지혈증, 고콜레스테롤혈증,

고요산혈증 등으로부터 회복된 사람이 많았다.[33] 그리고 10년 후까지 상당수에서 회복된 상태를 유지함을 관찰할 수 있었다. 이와 더불어 15년 추적 관찰 연구에서 당뇨병이 없던 사람에서 새로이 당뇨병이 생기는 당뇨병 발병이 83% 줄었다. 생리학적 관점에서 볼 때, 비만 대사 수술 후에 2형 당뇨병 환자의 인슐린 감수성이 크게 증가하며 베타세포의 기능 역시 의미 있는 증가를 보이는 게 일반적 현상이다.

또한 앞에서 말한 것처럼, 비만 대사 수술 후에는 심혈관 위험인자가 줄고, 이에 따라 심혈관 사건 발생과 심혈관 사망이 줄어든다. 암 발생이 줄어들고 연령, 성별, 위험인자 보정 사망률의 감소는 29%에 달한다. 삶의 질 또한 크게 개선된다. 즉 비만과 관련된 중대한 내과적 합병증이 모든 면에서 놀라운 수준으로 개선됨을 알 수 있다.

비만과 대사 질환은 인종, 종족에 따라 차이가 매우 크다. 특히 위장관 호르몬에 기반을 둔 인크레틴 치료제의 효과는 동아시아인에게 더욱 강력하다. 이는 나의 연구 결과를 통해 세계적으로도 잘 알려져 있다. 따라서 당연히 비만 대사 수술의 효과가 한국인에게도 잘 나타날 것이라고 기대해볼 수 있다.

2012년 가톨릭의대의 김미경 교수 등의 연구에서 체질량지수 32kg/m^2 정도인 비만한 2형 당뇨병 환자 22명을 대상으로 루와이 위 우회술을 시행한 결과 16명(73%)이 수술 후 1년째 검사에서 당뇨병의 관해가 확인되었다(공복 혈당⟨126mg/dL이면서 HbA1c⟨6.5%를 기준으로 함).[34] 수술 전 내장 지방이 많은 경우 관해가 잘 일어나지 않았고 관해가 일어난 환자들은 수술 후 1년째 인슐린 분비능에는 차이가 없었으나 인슐린 감수성이 우수한 특징을 보였다고 했다. 이후 전국적으로 이루어진 연구에서, 2008년부터 2011년까지 비만 대사 수술(27.6%가 위 밴드술, 28.0%가 루와이 위 우회술, 44.4%가 위 소매 절제술)을 받은 261명의 환자와 생활습관 교정과 약물 치료 등의 내과적 치료를 받은 224명을 후향적으로 분석한 결과, 치료 후 18개월 경과 시점에 치료 시작 시점 대비 수술군에서 22.6%, 대조군에서 6.7%의 체중 감소가 있었다. 또한 수술군에서 당뇨병, 고혈압, 이상지혈증으로부터 각각 57%, 47%, 84%에서 회복되어 대조군의 10%,

20%, 24%보다 유의하게 우수한 성적을 보임을 알 수 있었다.[35]

체중 감소는 큰 차이는 없었으나 루와이 위 우회술에서 수술 전 체중 대비 26.6%의 감소가 있었고, 위 밴드술에서 20.8%, 위 소매 절제술에서 22.3%의 체중 감소를 보였다. 수술군에서 1명이 30일 이내에 흡인성 폐렴으로 사망하여 수술 관련 사망률은 0.38%이었으며, 위 소매 절제술의 경우 수술 직후 및 그 이후의 합병증이 가장 낮았다. 그러나 수술군이 대조군에 비해 유의하게 체질량지수가 높았고($39.0 \pm 6.2kg/m^2$ 대 $34.3 \pm 3.8kg/m^2$) 당뇨병 유병률도 수술군이 대조군에 비해 유의하게 높은 (39.1% 대 12.9%) 등, 두 그룹 간의 차이가 있었기 때문에 정확한 비교가 이루어졌다고 볼 수는 없다. 그럼에도 불구하고 수술군에서 현저한 체중 감소와 대사 합병증의 호전이 있었다. 따라서 국내 비만 환자에게도 비만 대사 수술은 중요한 치료 방법의 하나로, 어쩌면 가장 우수한 치료법이라고 할 수 있을 것이다.

비만 수술이 우리에게 남긴 숙제

수술에 따른 사망률은 일반적인 복부 수술과 비슷한 수준인 0.5% 정도로 알려져 있다. 간혹 비만 대사 수술 후 사망한 사례가 언론에 보도되기는 하지만, 여러 연구를 종합해볼 때 비만 대사 수술이 다른 수술에 비해서 수술과 관련된 사망률을 높이지는 않는 것으로 보인다.

수술 비용이 문제가 될 수 있는데, 우리나라에서는 미국에 비해 훨씬 저렴한 비용으로 수술을 받을 수 있다. 1000만~1500만 원 정도의 비용이 드는데, 비만도와 당뇨병 유무 등에 따라 건강보험 적용이 되므로 경제적 부담을 크게 줄일 수 있다.

일반적으로 비만은 병으로 간주하지 않는 경향이 있다. 그래서 비만 치료제는 모두 건강보험 지원을 받지 못하고 오롯이 본인이 비용을 부담해야 한다. 그러나 비만 대사 수술만은 예외이다. 반박을 거부하는 엄청난 효과를 보여주기 때문이라 생각한다. 비만 치료제를 복용하거나 주사를 맞는 경우와 비교해본다면, 평생 약을 써야 한다고 가정할 때 수술이 초기 비용이 많이 들지만 경제적으로도 우수함을 짐작할 수 있다.

수술에 따른 일반적인 합병증(출혈, 감염, 폐색전증 등)은 비만인에게 행하는 대부분의 복부 수술과 비슷하다. 다만 수술할 때 위장을 재단하기 때문에 장과 장을 연결하여 꿰맨 자리가 새는 수가 있다. 대부분의 병원에서는 수술 후에 꿰맨 자리가 새는지 면밀하게 확인한다.

수술 후 수개월에서 수년이 지나 생기는 합병증도 있다. 이 중 덤핑 증후군(dumping syndrome)이라는 것이 있다. 위장에서 장으로 음식물이 한꺼번에 넘어가기 때문에 생기는 증상이다(덤프트럭이 화물을 쏟아내는 모습을 떠올리면 이해가 될 것이다). 특히 당분이 많은 음식물을 섭취했을 때 소장으로 쏟아져 들어가면서 삼투압에 의해 다량의 체액이 장으로 빠져나가면서 배가 꼬이듯 아프고 설사와 메스꺼움 등이 나타나고, 어지럽고 가슴이 두근두근 느껴질 정도로 심장 박동이 빨라진다. 드물게는 혈당 스파이크가 뾰족하게 나타났다가 갑자기 저혈당 수준으로 급강하면서 저혈당 관련 증상(식은땀, 가슴 두근거림, 떨림, 어지러움, 의식 저하 등)이 나타나는 경우도 있다. 덤핑 증후군을 예방하기 위해서는 과식 특히 당분이 많이 포함된 음식을 피해야 한다. 식이섬유나 단백질이 포함된 음식을 천천히 씹어 먹는 것이 큰 도움이 된다. 입에 넣자마자 단맛을 느낄 수 있는 단순당이 포함되지 않은 식이섬유가 많은 복합 탄수화물은 이러한 증상을 잘 일으키지 않으므로, 탄수화물 함유 음식 선택도 매우 중요하다.

체중이 많이 빠지는 경우에는 담석 관련 질환 위험이 증가한다. 대부분의 살을 빼는 치료는 이런 현상이 관찰된다. 오젬픽, 위고비 같은 약도 마찬가지다. 필요에 따라 담낭 절제술을 받아야 하는 경우도 발생한다.

영양소 흡수를 방해하는 수술을 받은 경우에는 비타

민과 미네랄 결핍이 발생할 수 있다. 철분, 칼슘, 비타민 B12, 지방 용해성 비타민인 비타민 A, 비타민 D, 비타민 E, 비타민 K의 결핍이 흔하다. 따라서 수술 후에 의사 지시에 따라 비타민, 철분, 칼슘 등을 보충해야 하는 경우가 많다. 이러한 미네랄 비타민 보충이 필요한 환자는 평생에 걸쳐서 보충이 필요하다는 점도 수술 전에 알고 있어야 한다.

삶의 질은 수술 후에 크게 개선된다. 그동안 기성복을 사서 입기 어려웠던 사람이 이제는 자신 있게 백화점에서 몸에 맞는 옷을 살 수 있다. 수면 무호흡이 개선되어 잠을 자고 나서 개운함을 처음으로 느낀다. 먹는 즐거움보다 가벼운 몸이 가져다주는 즐거움을 더 크게 느낄 수 있다. 인슐린 주사를 끊었고, 당뇨병 치료제 개수도 절반으로 줄었다. 이러한 유쾌한 경험이 늘어나면서 삶의 질은 좋아진다. 그러나 우울증, 알코올중독 등의 문제점도 발생할 수 있다.

20대 후반의 여성이 비만 수술을 받으러 왔다. 여러 가지 건강상의 문제로 인해 수술을 받기는 하지만, 내심 '지금 남자친구가 없고 취업이 안 되는 것은 다 체중 때문이야'라고 생각한 것 같다. 그리고 체중만 빼면 남자친구도 생기고 취업에도 성공할 것이라고 기대했던 모양이다. 수술 전에 면밀히 정신과 상담을 하지만, 이렇게 이야기하지는 않았다.

수술 후에 건강은 정말 많이 좋아졌다. 체중은 당연히 많이 빠졌다. 그러나 남자친구는 생기지 않았고 원하는 직장도 그녀를 선택하지 않았다. 그녀는 우울해졌다. 어쩔 수 없이 정신과 상담과 치료를 받게 되었다. 비만 대사 수술은 환자의 신체적 건강을 돕고 자신감을 북돋아주지만, 인간관계, 인간의 내면, 능력과는 무관하다. 이러한 사실을 수술 전에 반드시 알고 있어야 한다. 수술 후에 간혹 자살에 대한 생각이 드는 경우도 있는데 이런 경우에는 반드시 의사와 상의하고 치료를 받아야 한다.

수술 전에는 음식을 먹으면 뇌가 너무 즐거웠다며, 황홀감을 느꼈다는 환자도 있다. 수술하고 났더니 수술 전에 그렇게 좋아하던 음식이 즐거움을 주지 않는다. 단 음식을 먹었다가 덤핑 증후군이 생겨서 한바탕 고생을 하고 나서는, 더욱더 이런 종류의 음식은 피하게 된다. 즐거움의 원천 중 하나가 날아가 버린 셈이다.

그런데 어느 날 술을 한 잔 마셨는데, 기분이 너무 좋았다. 알코올의 흡수 속도가 마치 당분이 많은 디저트를 먹을 때 당이 빨리 흡수되어 혈당 스파이크를 만드는 것처럼 빨라진 것이다. 또 알코올이 몸에 흡수되면 전신으로 퍼져 나가는데 150kg이던 사람이 90kg이 되었다면 알코올이 퍼져 나가 희석될 수 있는 공간이 60kg 즉 대략 60리터가 줄어든 셈이 된다. 따라서 술에 빨리 취하게 되는 것이다. 이런 즐거움을 경험해본 환자는 점차 술 마시는 횟수가 늘고 마시는 양이 늘어나 알코올중독까지 이어질 수 있다. 수술 전에 알코올 남용의 위험성을 평가하고, 수술 후에도 알코올 남용에 빠지지 않도록 주의가 필요하다. 만약 문제가 생기면 의료진의 도움을 요청해야 한다.

약물 치료의 가장 큰 장점은
수술과 같이 과격한 치료가 아니라는 점이다.
과거의 비만 치료제는 치료 전에 비해
5~10% 수준의 체중 감량을 일으켰는데,
최근의 약제들은 15~20% 혹은
그 이상의 체중 감량 작용을 보여주고 있다.
이는 수술에 필적할 만한 결과이다.

수술과 약물, 치료에 정해진 답은 없다

최근 개발 중인 비만 치료제는 체중을 20% 이상까지도 줄일 수 있기 때문에 비만 대사 수술을 대체할 가능성에 대해서도 많이 논의되고 있다. 세마글루타이드, 터제파타이드 등은 최근까지의 여타 비만 치료제들보다 혈당 강하 효과와 체중 감량 효과가 훨씬 좋아 게임 체인저 또는 라이프 체인저(인생이 바뀐다고 표현하는 환자들이 많기 때문이다)라고 불리고 있으며, 심혈관 안전성 측면에서도 다른 약제들과 비교해서 열등하지 않다.

비만 대사 수술의 장점은 첫째 강력하고 지속적인 체중 감소이다. 루와이 위 우회술이나 위 소매 절제술 같은 수술은 총 체중의 25~35% 감소를 유발하며, 이는 일반적인 약물 치료보다 훨씬 큰 효과이다. 그리고 수술 후 10년이 지나도 상당수에서 수술 전보다 현저하게 감소된 체중을 유지한다.

효과는 체중 감소뿐만이 아니다. 2형 당뇨병 환자 중 60~80%가 수술 후 관해(약을 쓰지 않아도 비당뇨인 수준의 혈당을 유지)를 경험한다. 이는 약물 치료에 비해 더 높은 비율이다. 수술 후 체중 감소와 대사 합병증 개선 효과는 장기적으로 유지된다. 수술 환자는 고혈압, 이상지질혈증 등의 만성 질환이 호전되는 경향이 있다. 나아가 일부 연구에 따르면 비만 수술은 심혈관계 질환 등으로 인한 사망 위험을 줄이고, 수명을 연장시킬 수 있다.

그러나 수술에 따르는 합병증인 출혈, 감염, 꿰맨 자리인 문합부 누출, 폐색전증과 같은 위험이 있다. 수술 사망률은 0.5% 미만이지만 약물 치료보다는 위험이 크다. 특히 루와이 위 우회술 후에는 비타민 B12, 철분, 칼슘 등의 결핍이 발생할 수 있어 평생 보충제가 필요하다는 단점이 있다. 일부 환자는 행동 요인이나 위가 다시 늘어나는 등의 해부학적 변화로 인해 시간이 지나면서 체중이 다시 증가할 수 있고, 수술 후 정서적 문제나 알코올 의존 같은 중독의 문제가 발생할 수 있어 장기적인 심리적 지원이 필요하다.

약물 치료의 가장 큰 장점은 수술과 같이 과격한(의학에서는 침습적이라고 표현한다) 치료가 아니라는 점이다. 과거의 비만 치료제는 치료 전에 비해 5~10% 수준의 체중 감량을 일으켰는데, 최근의 약제들은 15~20% 혹은 그 이상의 체중 감량 작용을 보여주고 있다. 이는 수술에 필적할 만한 결과이다. 그리고 이들 약제들은 당뇨병 환자에서 혈당을 획기적으로 개선한다. 심장이나 신장에 대한 좋은 효과도 보고되고 있으며, 일부 연구에서는 사망률 감소도 보고되고 있다.

가장 큰 문제는 약물 치료를 평생 해야 한다는 점이다. 비만 약제는 마치 혈압약과 마찬가지로, 약을 쓸 때만 효과가 있기 때문이다. 부작용으로는 메스꺼움, 구토, 설사 등 위장관 부작용이 흔하지만, 약 용량을 서서히 증가시키면 대개는 견딜 만하다.

결국 이러한 점을 고려해 의사와 잘 상의하여 결정을 내릴 필요가 있다. 과거에는 비만 치료제의 효과가 크지 않아서 오히려 고민거리가 적었는데, 요즘은 강력한 체중 감량 효과를 보인 약이 속속 등장하면서 어떤 치료 옵션을 택할지 건강한 삶을 위한 행복한 고민을 하게 되었다.

9장

일상에서 시작하는
호르몬 혁명

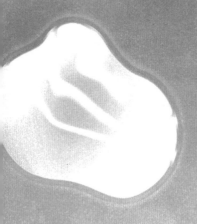

아무리 GLP-1 주사를 맞았다고 생각해도
식사 때가 되면 배가 고플 것이다.
이때 적용해 볼 수 있는 것은 '마음 챙김',
즉 '메타 인지(metacognition)'적 접근이다.
'내가 지금 무엇을 생각하고 있는지' 또는
'내가 어떻게 문제를 해결하려고 하는지'를
자각하는 과정을 통해
'자기 관조적'으로 관찰하고
수정하거나 개선할 수 있다.

결국 사소한 습관이 모든 것을 바꾼다

지금까지 GLP-1 수용체 작용제를 기반으로 한 당뇨병 및 비만 치료제가 최근 주목받고 있다. GLP-1 기반의 약제가 우수한 혈당 및 체중 조절 효과가 있을 뿐만 아니라 심혈관 및 신장 등의 장기 보호 효과가 있기 때문이다.

혈당 면에서는 그동안 절대 강자로 군림했던 인슐린과 비교해보더라도, 2형 당뇨병 환자에서 혈당 강하능은 비슷하거나 오히려 GLP-1 제제가 더 우수한 경우도 있다. 인슐린은 저혈당을 유발할 수 있고 체중이 증가하지만, GLP-1 제제는 저혈당이 없고 체중이 오히려 감소한다. 인슐린은 고혈당에 의한 당뇨병 합병증은 예방할 수 있지만,

심혈관 질환 측면에서는 중립적인 결과를 보여주었다. 그러나 GLP-1 제제는 심혈관 질환을 줄이고 일부 연구에서는 사망률까지 줄인 바 있다.

또한 비만 치료 측면에서는 그동안의 비만 치료제가 겨우 한 자릿수 체중 감량 효과를 보였다면, GLP-1 기반 제제는 쉽게 두 자릿수 체중 감량을 일으킨다. 최근 소개된 슈퍼 비만 치료제에 속하는 GLP-1 기반 약물은 웬만한 비만 수술에 필적하는 수준인 15~20%의 체중 감소도 가능하다. 체중 100kg인 사람이 기존의 비만 치료제를 복용할 경우 90~95kg 정도에 도달할 수 있다면, 최근 개발된 GLP-1 제제의 경우는 80~85kg까지도 도달 가능하다. 그리고 지방간, 신경계 질환 등에 대해서도 좋은 효과가 있을 것으로 예상하여 임상시험 등 많은 연구가 진행되고 있다.

그러나 문제는 치료비용이다. 미국 기준으로 보험 적용이 되지 않는다면 한 달에 1000달러(약 140만 원)이 넘는 돈이 든다. 국내에서 시판되는 먹는 비만 치료제 큐시미아를 예로 들면 한 달에 16만 원 정도 들어가는데, 매일 고급 커

피전문점에서 카페라테 한 잔씩 마시는 돈이다. 국내에서는 보험 적용이 되지 않으므로 전액 본인이 부담해야 한다. 비싸지만 이 정도 비용을 지불할 능력이 되고 의지가 있다면 해볼 만하다. 그렇지만 한 달 50~100만 원 가까이 드는 GLP-1 계열 약제는 일반 대중에게 큰 부담이다. 또한 평생 이 주사제로 치료를 받아야 한다면 부담 없이 약제 투여를 계속할 수 있는 사람은 많지 않을 것이다.

그렇다면 대안은 무엇일까? 비만한 사람의 경우에는 비만 대사 수술을 고려해볼 수 있다. 초기 비용이 매우 비싸지만(수술 종류나 환자 상태에 따라 다르지만 대개 1000만~1500만 원 전후의 비용이 발생한다) 수술 한 번으로 큰 체중 감소가 이루어진다. 비만 관련 합병증인 당뇨병, 고혈압, 고지혈증, 수면 무호흡 등도 크게 좋아진다. 이렇게 좋은 효과가 있지만, 식이와 운동은 수술 후에도 여전히 중요하다. 수술 종류에 따라서 발생할 수 있는 영양 결핍(비타민, 미네랄 등)에 대해서 모니터링하고 필요 시 모자란 영양소를 보충해야 한다. 그리고 대부분의 수술은 비가역적인 해부학적 구조 변화가 일어나므로 부담이 되지 않을 수 없다.

그렇다면 약물과 수술이 아닌 다른 방법으로 대응해야 하는데, 다시 식이요법과 운동요법을 기반으로 하는 생활습관 요법에 집중해야 한다. 이미 형성된 식이와 운동 습관을 바꾸는 것은 보통 어려운 일이 아니다. 하지만 새로운 습관을 형성하는 것이 불가능하지 않다. 잘 짜인 계획을 차근차근 실천해나가고, 자신을 모니터링하면서 끊임없이 쇄신한다면 대성공을 거둘 수 있을 것이다. 여러 식이요법, 운동요법이 있지만, 위장관 호르몬의 분비와 작용에 도움이 될 수 있는 것들을 알아보자.

이미 '위고비'를 맞았다는 상상만으로도

GLP-1 주사 맞았다고 생각하자. 너무 무책임한 말이라고 할지도 모르겠다. 하지만 이것은 일종의 자기 암시이다. 자기 충족적 예언(self-fulfilling prophecy)이라고도 하고 피그말리온 효과(Pygmalion Effect)라고도 부른다. 생각한 대로, 마음먹은 대로 이루어질 것이라는 믿음이 행동을 바꾸고 습관을 바꾸고 인생을 바꿀 수 있다.

GLP-1 제제의 체중 감량 효과는 음식 섭취 감소에 의해 이루어진다. 배가 고파 죽겠는데 먹는 것을 참겠다는 종류의 고통스러운 다이어트가 아니다. 식사 때가 되었는데도 배고픔이 덜하고, 조금만 먹어도 배가 금방 부르고,

조금 많이 먹으면 아주 불편해지기 때문에 덜 먹게 된다.

아무리 GLP-1 주사를 맞았다고 생각해도 식사 때가 되면 배가 고플 것이다. 그러면 어떤 전략으로 접근하면 될까? 이때 적용해 볼 수 있는 것은 '마음 챙김 다이어트'이다. '마음 챙김(mindfulness)'은 요즘 유행하는 '메타 인지(metacognition)'의 한 예라고 볼 수 있다. 메타 인지는 자신의 인지 과정을 인식하고 그것을 조절하는 능력이다. 소위 관조적으로 나를 바라보는 것이다. 즉, '내가 지금 무엇을 생각하고 있는지' 또는 '내가 어떤 방식으로 문제를 해결하려고 하는지'를 자각하는 과정이다. 이는 자기 자신의 생각이나 감정을 한발 물러서서 '자기 관조적'으로 관찰하고 수정하거나 개선할 수 있는 능력을 말한다.

마음 챙김은 현재 순간에 집중하고, 비판단적으로 자신의 생각과 감정을 알아차리는 상태를 의미한다. 즉, 특정 순간에 주의 깊게 자기 자신을 관찰하는 것으로 메타 인지의 중요한 구성 요소 중 하나라고 할 수 있다. 마음 챙김을 통해 우리는 자신의 생각이나 감정, 행동을 자각하게 되고 이를 통해 메타 인지적 통찰력을 높일 수 있다.

몇 가지의 질문으로 쉽게 실천해볼 수 있다.

"내가 진짜 배가 고픈가?"

좀 황당한 질문일 수 있다. 배고프다고 느끼면 배고픈 것이지, 진정한 배고픔이 있다는 뜻인가? 많은 사람이 식사 때가 되었다는 이유로 배고프다고 느낀다. 우스갯소리로 '배꼽시계'가 돌아간다고 한다. 습관적으로 먹을 시간이 되면 배가 고프다고 느끼고 음식을 섭취한다.

가끔은 배가 고프게 될까봐 미리 먹어두는 사람도 있다. 자다가 배고파 깰까봐 걱정하여 자기 전에 음식을 먹는 사람일 수도 있다. 이런 상황에서 5~10분만 참아보라. 잠깐 책을 읽어도 좋고, 산책해도 좋다. 그래도 정말 배가 고프다면, 배가 고픈 것이다. 습관에 의한 거짓 배고픔을 감별할 수 있어야 한다. 그리고 이 순간에 간식 등 음식 섭취를 피하는 것이 중요한 포인트이다.

"배고픔이 해결되었는가?"

이 부분이 정말 중요하다. 이미 배고픔이 해결되었는데도 계속 먹는 경우가 있다. 여럿이 함께 식사를 할 때, 다른 사람들이 먹고 있으면 따라 먹는 경우가 있다. 실생활에서 한 번 관찰해보라. 같은 테이블에 둘러앉아 음식을 먹다 보면 이런 경우가 분명히 있다. 우리 뇌 속의 '거울 뉴런(신경)'이 작동하기 때문이다. 이 순간 '따라 먹기'를 피해야 한다. 나는 이미 배가 부른데, 친구가 계속 먹고 있다고 나도 따라 먹다가는 포만감을 넘어서 너무 배가 불러 불편함을 느낄 수 있을 것이다. "배고픔이 해결되었는가?"를 스스로 질문하고 먹는 것을 멈추어라!

"지금 이 음식을 제대로 음미하고 있는가?"

사실 이 질문이 마음 챙김의 진수이다. 허겁지겁 허기를 채우기 위해 음식을 먹다 보면 과식하게 된다. 천천히 음식을 음미해보라. 배가 잔뜩 고픈데, 직장 동료들과 횟집에 갔다고 생각해보자. 상추에 깻잎 한 장 올리고, 회를 몇 점 올리고, 밥도 조금 넣고, 쌈장에 마늘 한 쪽. 이걸 쌈 싸서 한 잎에 우적우적 먹는다. 참 맛있다. 그냥 무의식적으로 먹으면 과식으로 이어진다. 술이라도 곁들이면 폭식의 잔치가 될 것이다.

『고독한 미식가』 원작자 구스미 마사유키가 한국 횟집에서 동일한 경험을 한 후 쓴 에세이를 읽은 적이 있다.[36] 나 역시도 횟집에서 많은 식사를 했었지만, 횟집에서 먹은 쌈이 그렇게나 오묘했었던가 싶었다. 작가가 음식을 먹는 모습을 너무나 생생하고 구체적으로 묘사해두었기 때문이다. 즉, 쌈을 한가득 집어넣고 턱을 움직이면 느껴지는 채소 고유의 맛, 고추장이 뒤섞인 한국 샐러드의 맛, 회를 씹는 맛을 차례대로 음미하다 마침내 입안에서 하나되는 순간을 묘사했다. 이렇게 마음을 잘 챙겨가며 지금 이 순간 내가 먹고 있는 것을 느껴본 적이 있는가? 이렇게 음미하고 즐기며 식사를 하게 되면, 생각 없이 폭식으로 이어지는 것을 막을 수 있을 것이다. 내가 먹는 음식을 구스미 마사유키처럼 '묘사'하면서 먹는 습관을 가져보는 것을 어떨까.

슈퍼 호르몬을 깨우는 똑똑한 식사법

GLP와 GIP-1의 분비는 음식을 섭취한 후 폭발적으로 일어난다. 많은 연구 결과를 종합해보면 탄수화물, 지방, 단백 섭취에 의해서 분비가 촉진된다. 식이요법을 통해 GLP-1, GIP 분비를 촉진시키는 방법을 이해하려면 이 호르몬들의 분비 방식을 아는 것이 유용하다.

먼저 GIP의 분비와 음식에 대해 살펴보자. GIP는 주로 소장의 상부에 있는 K-세포에서 분비된다. 이 호르몬은 우리가 탄수화물, 특히 포도당을 섭취할 때 분비가 크게 증가한다. 포도당이 경구로 섭취되면 소장에서 흡수되는 과정에서 GIP가 급격히 분비되며, 이는 혈당을 낮추기 위해 인슐린 분비를 자극하는 역할을 한다. 흥미롭게도 포도당이 정맥을 통해 직접 투여될 때는 이 효과가 나타나지 않는데, 장을 통과하는 과정이 GIP 분비에 매우 중요함을 보여준다.

놀랍게도 지방 섭취는 GIP 분비를 크게 자극한다. 2016년 내가 속한 연구실에서 발표한 논문을 보면 이러한 사실을 재확인할 수 있다.[37] 당시 15명의 2형 당뇨병 환자를 서울대병원 임상시험센터에 1박 2일 입원시켜, 음식과 식이섬유가 인크레틴 호르몬 분비에 미치는 영향을 알아보았다. 아침식사는 씨리얼, 점심식사는 햄버거를 제공했는데, GLP-1 분비의 경우 식사 종류에 따라 차이가 없었다. 그런데 GIP의 경우 씨리얼을 먹었을 때 소폭 상승했지만 기름진 패티가 들어 있는 햄버거를 섭취했더니, 훨씬 높은 수준의 분비를 보였다. 이것은 지방이 소장에서 흡수될 때 GIP를 많이 분비시키기 때문이다.

왜 지방을 먹었는데 GIP가 증가했을까? 다양한 연구 결과에 따르면 GIP는 지방 저장을 증가시키는 역할을 한다. 이는 에너지가 풍부한 식사 후 지방을 체내에 저장해

두었다가 굶주린 시기가 올 때 꺼내 쓰도록 하는 역할이라고 보면 된다. 그러나 최근에 GIP 수용체에도 작용하는 터제파타이드가 개발되어 기존에 알고 있던 GIP의 역할과는 정반대로 엄청난 체중 감량 작용을 보여주고 있다. 따라서 GIP의 작용에 대해서는 많은 연구가 필요하다.

단백질 역시 GIP 분비에 영향을 미치지만, 포도당이나 지방만큼 강한 자극을 주지는 않는다. 단백질이 소화되는 과정에서 분해된 아미노산들이 GIP 분비를 자극하지만, 그 효과는 상대적으로 미미한 편이다.

그렇다면 GLP-1의 분비와 음식의 관계성은 어떨까? GLP-1은 주로 소장의 하부에 위치한 L-세포에서 분비된다. GIP와 달리, GLP-1은 음식이 소화관을 통과하는 동안 점진적으로 분비되지만, 음식 섭취 후 몇 분 내에 빠르게 반응하는 경향이 있다. 탄수화물, 특히 포도당이 GLP-1 분비의 가장 중요한 자극제 중 하나이다. 소장에서 포도당이 흡수될 때, GLP-1은 인슐린 분비를 촉진하여 혈당을 조절하고 식욕을 억제하는 역할을 한다.

GIP와 유사하게 지방도 GLP-1 분비를 자극한다. 특히 불포화 장쇄 지방산이 GLP-1 분비를 효과적으로 촉진시킨다. 이것은 지방이 풍부한 식사 후 포만감을 느끼게 하는 중요한 요소 중 하나이다. 그러나 우리 실험실 연구에서 씨리얼 섭취와 햄버거 섭취를 비교했을 때 GLP-1 분비에는 특별한 차이가 없었다.

단백질 또한 GLP-1 분비에 기여한다. 단백질이 소화되어 아미노산으로 분해되면, 이들이 장내 L-세포를 자극하여 GLP-1의 분비를 촉진한다. 특히 유청 단백(whey protein)의 경우 식전에 섭취할 경우 GLP-1 분비를 증가시킨다고 알려졌다.

식이섬유는 GLP-1 분비와 밀접한 관계가 있다. 식이섬유는 소장에서 직접적으로 소화되지 않지만, 대장에서 미생물에 의해 단쇄 지방산으로 발효된다. 이 단쇄 지방산이 하부 위장관의 L-세포를 자극하여 GLP-1 분비를 증가시킨다.

식이섬유가 풍부한 식단은 포만감을 증진시키고 혈당을 안정화하는 데 도움을 준다. 이 과정에 GLP-1이 상당한 역할을 한다고 볼 수 있다. 식이섬유는 종류가 다양하고, 섭취량에 따른 차이도 있으며, 장내 세균에 의해 분해되어 대사에 영향을 주는 물질을 생산하기도 한다. 따라서 누가 어떤 식이섬유를 얼마나 섭취하느냐에 따라 나타나는 효과는 다를 수 있다. GLP-1 분비에 대한 효과도 연구마다 각양각색이다. 대개는 좋은 효과를 보이는 것으로 알려져 있다.

무엇을 먹어야 몸에 좋은 GLP-1이 많이 분비될까? 앞서 언급한 것처럼 아무리 몸에 좋은 식이섬유라도 종류, 양, 장내 세균 조성에 따라 다양한 결과가 나타난다. 2016년에 발표한 논문을 살펴보더라도, 식이섬유를 강화한 씨리얼이 일반 씨리얼에 비해서 GLP-1 분비를 더 증가시키지는 못했다.[38] 어떻게 하면 GLP-1 분비를 촉진시키는 식이요법을 찾을 수 있을지 고민하던 차에 매우 흥미로운 연구 결과가 하나를 발견하였다.

2014년 이스라엘 텔아비브대학 연구자들이 발표한 논문이다.[39] 15명의 2형 당뇨병 환자에게 식전에 유청 단백 50g씩을 섭취한 후 식사를 하게 하였더니 혈당이 호전되고, 인슐린 분비가 증가하였다는 것이다. 이 연구 결과에서 GLP-1 분비도 1.4배 증가하였고, 활성 GLP-1은 약 3배 증가하였다. 효과가 매우 좋아 보이지만, 매 식전 50g씩의 유청 단백을 먹는다면 그때마다 200kcal의 열량 또한 섭취하는 셈이다. 그렇다면 식이섬유와 단백을 적절히 섞어서 효과는 높이고 열량 섭취를 낮출 수 있지 않을까?

불행히도 당시 이에 대한 잘 수행된 연구는 없었다. 한 연구에서 2형 당뇨병 환자 및 당뇨병 전단계의 사람들을 모집하여 17g의 유청 단백과 5g의 구아(식이섬유의 일종)를 식전에 섭취하도록 했더니 식후 최고 혈당이 감소하고, 식후 3시간째 혈당이 감소함을 보고하였다.[40]

따라서 '식이섬유와 단백을 적절히 섞어 효과를 높이고 열량 섭취를 낮추자'는 생각이 옳을 가능성이 크다고 판단하였다. 유청 단백은 가격이 비싸기 때문에 대두 단백을 같이 섞어 만들면 추후 상품화를 대비해서 유리하다고 생각했다. 당시 ㈜씨알푸드와 공동 연구를 통해 테스트용 씨리얼 바를 만들었는데, 1회 제공량을 30g, 73kcal가 되도록 하였고, 조성은 탄수화물 0.4g, 유청 단백 9.3g, 대두 단백 1.4g, 지방 0.3g, 식이섬유 12.7g을 포함하도록 하

식후 혈당에 영향을 주는 식사 순서

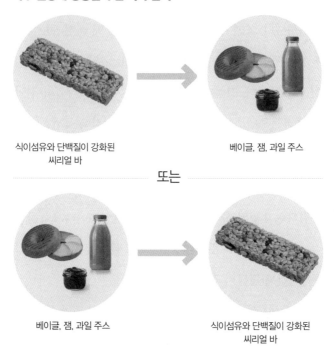

식이섬유와 단백질이 강화된
씨리얼 바

베이글, 잼, 과일 주스

또는

베이글, 잼, 과일 주스

식이섬유와 단백질이 강화된
씨리얼 바

였다.

　15명의 2형 당뇨병 환자와 15명의 정상인을 모집하여 무작위로 순서를 배정하여 한번은 이 테스트용 씨리얼 바를 먼저 먹고 식사하게 하고, 다음 한번은 식사를 먼저하고 이 씨리얼 바를 섭취하도록 하였다. 순서만 다를 뿐이지 먹은 것은 동일하였다. 그러나 테스트용 씨리얼 바를 먼

저 섭취한 경우가 반대의 경우에 비해 식후 혈당은 2형 당
뇨병 환자와 정상인 모두에서 낮았다.

2형 당뇨병 환자에서는 GLP-1 분비가 증가하고 인슐
린 분비의 질도 개선되었다. 따라서 식이섬유와 단백을 식
전에 섭취하면 GLP-1 분비가 증가하고, 인슐린 분비의 질
이 개선되며, 식후 혈당이 감소한다는 결론을 내릴 수 있
었다. 연구 결과는 2018년에 논문으로 발표되었다.

오래전부터 잘 알고 지내온 다이스케 야베 선생(현 일본
교토대학의 내분비내과 교수)이 비슷한 무렵 일본에서 유사한 연
구를 수행하였다. 당시에는 오사카에 있는 관서전력병원
에서 일하고 있을 때다. 야베 선생은 생선과 육류를 먼저
먹고 마지막에 밥을 먹는 일본의 카이세키(회석) 요리가 건
강에 좋다고 계속 말해왔었다.

연구진은 2형 당뇨병 환자 12명, 건강한 자원자 10명을
대상으로 하여, 밥을 먼저 먹고 생선을 먹은 경우, 생선을
먼저 먹고 밥을 먹은 경우, 육류 먼저 먹고 밥을 먹은 경우
를 비교했다. 생선이나 육류를 먼저 먹고 밥을 먹은 경우
가 밥을 먼저 먹고 생선을 먹은 경우에 비해서 식후 혈당

이 유의하게 낮았다.[41]

흥미롭게도 생선이나 육류를 먼저 먹은 경우에 GLP-1과 GIP 분비가 증가하였다. 또한 위에서 십이지장으로 음식물이 내려가는 속도가 생선이나 육류를 먼저 먹은 경우에 유의하게 느려졌다. 생선이나 육류에 포함된 지방 성분에 의해서 위 배출 속도가 현저히 느려진 것이 식후 혈당 감소에 큰 영향을 미친 것 같다. 왜냐하면 GLP-1이나 GIP 분비는 증가했으나, 식후 인슐린 분비는 오히려 감소했으며, 위 배출 속도가 느려지면서 식후 인슐린은 높은 농도로 상승하지 않더라도 혈당을 조절할 수 있기 때문이다.

그런데 식욕 억제 측면에서는 GLP-1이나 GIP 외의 다른 장 호르몬이 관여할 가능성이 있다. 최근까지 잊힌 식욕 억제 장 호르몬이 있다. PYY라는 이름의 호르몬이다. PYY를 정맥으로 투여하면서 뷔페 식사를 하게 하면 식사량이 30% 가량 감소하였다. 이러한 사실을 바탕으로 PYY 호르몬을 비만 치료제로 개발하기 위한 시도가 있었는데, 당시에는 코를 통해 약물을 전달하는 방식이었다. 그러나 12주간 하루 3회 코를 통해 투여했을 때 약제를 투여하자마자 분출성 구토가 유발되는 등의 부작용으로 인해 참가자의 59%가 도중에 중단하였고, 가짜 약과 비교했을 때도 유의한 체중 감소가 나타나지 않아 개발이 중단된 바 있다.

2024년 영국 런던 임페리얼 컬리지 연구자들은 고섬유질 식단이 저섬유질 식단에 비해 PYY 분비를 촉진시키고 GLP-1 분비에는 큰 영향이 없음을 보고하였다.[42] 이 연구자들은 소장 말단부에 튜브를 넣어서 내용물을 채취하여, 섭취한 음식물의 대사산물들이 PYY 분비를 촉진시킴을 보여주었다. 이러한 연구 결과가 어떠한 임상적인 의미를 갖는지에 대해서는 추후 연구가 필요하나, 음식에 의한 장호르몬 분비 조절이 매우 복잡하다는 것을 다시 한번 상기시켜주고 있다.

연구 결과를 종합해보면, 식사를 할 때 탄수화물을 먼저 섭취하지 말고 샐러드나 나물 같은 식이섬유가 풍부한 음식과 생선·육류 등의 단백질과 지방을 함유한 음식을 먼저 섭취한 후 밥 혹은 빵을 나중에 먹는 것이 효과적이다. GLP-1, GIP 분비에 효과적이고 특히 식후 혈당을 감소시키는 데 도움이 된다.

요즘 음식을 섭취하는 순서만 변경해서 식후 혈당 스파이크를 많이 줄였다는 이야기를 흔히 듣는다. 특히 연속 혈당 측정기를 사용하는 사람들이 늘어나면서 자신의 혈당을 실시간으로 눈으로 확인할 수 있게 되었다. 혈당 그래프를 보면, 식후에 그야말로 뾰족한 스파이크들이 자주 보이는 사람들이 있다(그래서 말 그대로 혈당 스파이크라고 부른다). 이런 혈당 스파이크가 자주 나타나는 분들이 채소류나 육류·어류를 먼저 섭취하고 탄수화물을 나중에 섭취하면 혈당 스파이크가 확실히 낮아진다고 이구동성으로 이야기하고 있다.

가정의학과 박민수 박사도 이와 유사한 방식을 '거꾸로 식사법'이라는 이름으로 강조하고 있다. 박민수 박사는 급하지 않게 천천히 식사하되, 비탄수화물 음식과 탄수화물 음식을 2:1 비율로 하고 채소와 단백질을 먼저 먹고 그다음으로 지방이나 탄수화물 음식을 먹도록 강조하고 있다. 학자마다 주장이 조금씩은 다르지만, 일맥상통하는 부분이 있다는 점을 알 수 있다.

식사를 할 때 탄수화물을
먼저 섭취하지 말고 샐러드나 나물 같은
식이섬유가 풍부한 음식과 생선·육류 등의
단백질과 지방을 함유한 음식을
먼저 섭취한 후 밥 혹은 빵을
나중에 먹는 것이 효과적이다.
GLP-1, GIP 분비에 효과적이고
특히 식후 혈당을 감소시키는 데
도움이 된다.

운동으로 장에 활력을 불어넣어라

사람이 먹이를 섭취하고, 짝을 찾고, 후손을 키우는 모든 일이 사실은 근육을 쓰는 운동을 통해 이루어진다. 머리를 쓰는 것은 매우 중요하고, 어찌 보면 가장 중요한 단계이지만, 결국에는 몸을 움직여야 생각하던 일들을 완수해낼 수 있다. 따라서 사람은 움직이기 위해 태어났다고 볼 수 있다.

멍게와 같은 생물은 유생 시기에는 바다를 떠돌아다니며 움직이는데 이때는 신경 조직이 있다가, 특정 장소에 자리를 잡고 고착 생활을 시작하게 되면 신경 조직이 사라져버린다고 한다. 호모 사피엔스가 그토록 자랑하는 신경계는 기본적으로 움직이기 위해서 만들어졌다고 볼 수 있다.

앞서 살펴본 것처럼, 장을 '제2의 뇌'라고 부르는데 사실은 하등 동물을 보면 장이 가장 중요한 운동을 담당하기 때문에 여기에 신경 조직이 분포한다. 진화하면서 근육을 움직이기 위해 신경이 발달하고, 감각을 통합하기 위해 신경 조직이 발달하며, 판단 및 기억을 하기 위해 신경계를 더욱 발전시킨다. 어찌 보면 장이 '제1의 뇌'이다.

우리 몸은 '유기적'으로 여러 조직과 장기가 연결되어 있다. 따라서 특정 조직이나 장기가 단독으로 생명을 영위하지는 못한다. 근육, 신경, 장 모두가 서로 씨줄과 날줄처럼 조밀하게 연결되어 있다. 근육이 운동하면 장의 기능도 좋아질 수밖에 없다. 과식하여 소화가 안 될 때 동네 한 바퀴 돌다보면 소화가 되는 것이 이상한 일이 아니다. 운동을 하면 근육에서 분비되는 물질들이 있는데 이들을 마이오카인(myokine)이라고 부른다. 다양한 마이오카인이 있지만, 이 중에서는 염증성 사이토카인(cytokine)으로 알려진 인터류킨-6가 있다.

생쥐의 인터류킨-6는 근육이 운동을 할 때 분비가 증

가되며, 이는 장에 가서 위장관 내분비세포인 L세포와 췌장 소도의 알파세포에서 GLP-1 분비를 증가시킨다고 밝혀진 바 있다. 만약 생쥐에서 인터류킨-6 유전자를 제거하여 인터류킨-6가 분비되지 않도록 하면 운동을 하더라도 GLP-1분비가 증가하지 않는다. 운동을 통해 분비된 GLP-1은 포도당 대사를 개선하고 식욕을 조절할 수 있을 것으로 보인다. 그러나 대개는 급성으로 운동을 시켰을 때 이와 같은 현상이 나타나는데, 오랜 기간 반복적으로 운동을 할 때도 이와 같은 현상이 재현되는지에 대해서는 연구가 필요할 것이다. 그럼에도 운동의 이점이 너무나 많기 때문에(운동은 체중을 조절하고, 인슐린 감수성을 개선하며, 정서적으로도 도움이 되는 등 너무나도 많은 이점이 있다) 설령 운동을 통하여 GLP-1 분비가 증가되는 것이 큰 효과를 발휘하지 않는다고 하더라도 실망할 필요는 없을 것이다.[43]

장내 유익한 세균을 균형 있게 가꾸려면

과거에는 '유산균' 혹은 '비피더스균'으로 흔히 불리던 복용 가능한 형태의 유익한 세균들을 요즘은 '프로바이틱스(probiotics)'라고 부른다. 유익한 장내 세균이 잘 자라도록 그들의 먹잇감인 식이섬유나 탄수화물 등을 섭취하기도 하는데, 이러한 제품들은 '프리바이오틱스(prebiotics)'라고 한다. 대표적인 프리바이틱스로 이눌린, 프락토올리고당, 갈락토올리고당 등이 있다. 이눌린은 돼지감자에도 존재하는데 인슐린과 이름이 비슷해, '먹는 인슐린'이라고 오해하는 일이 잦으므로 주의가 필요하다.

프로바이틱스와 프리바이오틱스를 같이 복용하게 만

든 것을 '신바이오틱(synbiotics)'라고 부른다. 또 '포스트바이오틱스(postbiotics)'라는 것도 있다. 프로바이오틱스는 장내에서 대사 활동을 통해 만들어낸 유익한 물질이다. 대개 세균의 세포벽 성분, 짧은 사슬 지방산, 항균 물질 등을 포함하며 인체의 신진대사, 염증 조절, 장점막 보호 등의 작용을 한다.

생쥐 실험을 통해 비만한 생쥐의 장에서 얻은 장내 세균을 무균 생쥐에게 이식해주면 정상 체중을 가진 생쥐의 장에서 얻은 장내 세균을 무균 생쥐에게 이식한 경우와 비교해 훨씬 체중이 많이 나가게 된다. 사람에서도 항생제 관련 장염의 치료를 위해서 건강한 사람의 대변 세균총을 이식하는 예가 많이 있는데, 비만한 사람의 대변에서 얻은 세균총을 이식한 경우에 체중이 증가함이 보고된 바가 있다.

논문으로도 보고된 경우를 간단히 소개하면, 2015년 재발성 클로스트리디움 대장염을 앓던 32세 여성이 자신의 16세 딸의 대변에서 얻은 세균총을 이식받았다.[44] 당시 딸은 체중이 약 70kg, 체질량지수 26.4kg/m^2로 과체중 상태였고, 이후 점차 체중이 늘어 85kg이 되었다. 대변 세균 총 이식 16주 후 환자의 체중이 의도치 않게 약 17kg 늘었고 체질량지수가 34kg/m^2까지 증가했다. 3년 후에는 체중이 약 88kg까지 증가했다. 비만 세균이 전달되었음을 의심해볼 여지가 있는 경우이다. 좋은 장내 세균을 전달하여 체중을 조절하려는 시도는 좀 극단적인 형태인 대변 세균총 이식을 비롯하여 다양한 형태의 프로바이오틱스 투여 등으로 이루어졌으나 확실한 효과를 증명하지는 못하였다.

또한 프리바이오틱스를 통해 장내 미생물무리를 조절하면 GLP-1 및 PYY의 분비를 향상시킬 수 있다는 것이 알려졌다. 미생물 대사 산물로 발생하는 또 다른 짧은 사슬 지방산 중 하나인 혈장 프로피온산(propionate)은 지방 세포에서 렙틴 방출을 유도하여 시상하부의 식욕 억제 신경 활성화를 촉진한다고 한다. 과체중인 사람에게 이눌린-프로피온산염(inulin-propionate)을 결장을 통해 투여했을 때 음식 섭취의 감소와 함께 GLP-1 및 PYY의 식후 분비가 증가했으며, 비만하지 않은 건강한 성인 남성에게 이눌린-프로피온산염을 투여했을 때는 PYY 및 GLP-1 수치 변화와 무관하게 음식 섭취가 줄어들었고, 보상과 관련된 뇌 영역의 활성이 감소하여, 프로피온산염이 미주 구심성 신경 및 선조체 경로를 통해 장-뇌 축에 영향을 미칠 수 있다는 것이 알려진 바 있다. 이렇듯 장내 미생물의 대사 산물과 뇌-장 축 사이의 상호작용 또한 대사 질환을 개선하기 위해 활용될 수 있을 것으로 보인다.

서울대학교 보건대학원의 고광표 교수 연구팀은 장내 미생물의 일종인 아커만시아 뮤시니필라(Akkermansia muciniphila) 배양액 내에 존재하는 특정 물질이 GLP-1 분비를 촉진함을 발견한 바 있다.[45] 이 세균은 유익한 세균의 하나로서, 당뇨병 치료제인 메트포르민(metformin)을 복용하면 장내에 이 균의 숫자가 늘어난다고 잘 알려져 있다. 고 교수는 고바이오랩을 창업하고 이 물질을 KBLP-004라는 이름으로 개발 중이다.

장내 세균을 이용한 치료가 일견 쉬워 보이지만 실제로는 만만한 일이 아니다. 프로바이오틱스라고 불리는 유익한 장내 세균을 매일 먹으라고 권하는 까닭을 한번 생각해보자. 이 균들이 우리 장 속에 자리 잡아 잘살 수 있다면 왜 매일 먹어야 할까? 한 번 먹으면 자리를 잡아야 하지 않을까? 식중독균은 한 번 들어오면 장 속에 자리 잡고 며칠 동안 우리를 괴롭히다가 몸의 면역 기능과 방어 기능에 의해 겨우 제거된다.

씨앗이 자라 수풀을 만들려면 토양과 기후가 맞아야 한다. 볍씨를 밭에 뿌리거나 보리씨를 논에다 뿌린다고 자라서 쌀과 보리를 얻는 것은 아니다. 볍씨를 발아시켜 모내기를 하여 논에 심었는데 가뭄이 이어지면 자라지 못하고 죽는다. 프로바이오틱스를 우리 장 속에 뿌린다고 해도 이미 자리 잡고 있는 세균들로 인해 제 자리를 잡고 미생물 군락을 만들기 어렵다. 복용한 프로바이오틱스가 위산, 담즙, 소화효소 공격을 받아서 장까지 도달하기도 어렵다.

그리고 프로바이오틱스의 경우 이러저러한 질환 및 상태에 좋다고 이야기하지만, 특정 질환이나 상태에 효과를 보았다는 확실한 증거도 거의 없다. 더 복잡한 것은 어떤 사람은 먹고 효과를 봤다는데, 다른 사람은 그렇지 않다고 한다. 개인차가 크다는 이야기다. 하지만 이 분야 과학의 발전으로 앞으로는 혁신이 일어날 가능성은 충분히 있다.

결국 현재로서는 장내 유익균들이 좋아하는 식이섬유를 많이 섭취해주는 것이 가장 좋은 방법이다. 제품화되어 있는 프리바이틱스, 프로바이오틱스, 신바이오틱스 등은 특정 개인이나 특정 상황에서는 효과가 있을지 모르겠으나, 아직 일반화하기에는 이른 감이 있다.

나가는 말

호르몬 혁명은
이제 시작이다

이 책의 7장 '호르몬의 위대한 여정, 노화까지 늦추는 만병통치약이 온다'에서 약제 개발의 최신 동향에 대해서 자세히 설명하였다. 그러나 워낙 치열한 경쟁 속에 개발되고 있기에, 최신 개발 동향에 대해서는 나가는 말을 통해서 조금 더 자세히 정리해보는 것이 도움이 되리라 생각한다. 대표적인 연구 개발 방향으로는 ① 경구용(GLP-1) 약물 개발, ② 장기 지속형(long-acting) 주사제 개발, ③ 다중 호르몬 타깃팅, ④ 호르몬 병용 요법 등이 있다. 이들은 환자의 편의성과 치료 효과를 극대화하기 위한 접근 방식으로 볼 수 있다. 기존에 개발된 약제 중 세마글루타이드나 터제파타이드의 효과가 워낙 뛰어나다 보니, 이제 편의성을 더욱 강조할 필요가 생겼고 좀 더 우수한 치료제 발굴을 위해서 GLP-1 이외의 호르몬 수용체에 대한 탐색 작업이 이루어지고 있는 것이다. 하나하나 살펴보도록 하자.

첫째, 주사제가 아닌 먹는 경구용 치료제 개발이 활발히 진행되고 있다. 기존 GLP-1 수용체 작용제는 단백질 기반이어서 위장관에서 소화 과정을 통해 쉽게 분해되기 때문에, 어쩔 수 없이 주삿바늘을 통해 피하주사 형태로 투여해야 했다. 그러나 새로운 기술이 도입되면서 경구 투여가 가능한 형태의 GLP-1 제제 개발이 가능해졌다. 대표적인 사례로는 노보 노디스크의 경구용 세마글루타이드(oral semaglutide, 상품명 리벨서스)가 있으며, 이 약물은 SNAC라고 불리는 특수 흡수 촉진 물질을 적용하여 위에서 안정적으로 흡수될 수 있도록 설계되었다. 또한, 일라이 릴리에서 개발 중인 오르포글리프론(orforglipron)은 단백질 기반이 아닌 소분자 화합물로 만들어져 일반적인 약처럼 경구 복용이 가능한데도, 주사제와 유사한 효과를 보여주고 있다. 이러한 경구용 제제들은 환자의 편의성을 높이면서도 기존 주사제 수준의 치료 효과를 유지하는 것을 목표로 하고 있다. 주사제와 비교했을 때, 경구용 제제는 투약의 편리성이 확실히 높으며, 주사 공포가 있는 환자들의 정신적 부담을 줄여서 훨씬 더 나은 선택지가 될 수 있다. 이러한 장점은 장기적인 치료 지속성을 높이고, 환자의 만족도와 치료 결과를 향상시키는 중요한 요소로 작용할 수 있을 것이다.

둘째, 주사를 하더라도 주사 횟수를 줄이는 방향으로 개발이 되고 있다. 기존 GLP-1 수용체 작용제 중 엑세나타이드는 하루 2회 투여해야 했고, 이후 개발된 리라글루타이드도 하루 1회 투여가 필요했다. 이러한 치료제들은 주사 빈도가 잦아 환자들에게 상당한 부담이 되었다. 이에 따라 장기 지속형 치료제 개발이 중요한 연구 분야로 자리 잡고 있다. 환자의 순응도를 높이기 위해 투여 빈도를 줄이는 것이 핵심이며, 이에 따라 주 1회 또는 월 1회 투여가 가능한 제제들이 개발되고 있다. 대표적으로 세마글루타이드(오젬픽, 위고비)는 주 1회 투여로도 뛰어난 혈당 조절 및 체중 감소 효과를 보인다. 또한, 일라이 릴리의 터제파타이드(상품명 마운자로)는 GLP-1과 GIP를 동시에 활성화하여 더욱 강력한 효과를 제공하면서 역시 주 1회 투여한다. 거의 주 1회 투여가 기본 사양으로 자리 잡고 있는 와중에, 암젠에서 개발 중인 마리타이드는 월 1회 투여가 가능한 장기 지속형 치료제로 주사 횟수 면에서는 탁월한 제형이다. 초기 임상 시험에서는 매월 1회씩 총 3개월 동안 투여한 후에 투약을 중단하더라도 체중 감량 효과가 5개월까지도 지속되는 것으로 나타났다. 이는 장기적으로 주사 횟수를 더욱 줄일 가능성을 보여주며, 환자의 치료 부담을 한층 더 완화할 수 있을 것으로 기대된다.

셋째, 단일 장 호르몬을 타깃팅하는 수준을 넘어 다중 호르몬을 타깃팅하는 전략도 활발히 연구되고 있다. 최근 들어 단순히 GLP-1 수용체만을 자극하는 것이 아니라, GIP 및 글루카곤 수용체까지 함께 활성화하여 더욱 강력한 치료 효과를 유도하려는 시도가 이루어지고 있다. 예를 들어, 티르제파타이드는 GLP-1과 GIP를 동시에 활성화하여 체중 감소 및 혈당 감소 효과를 극대화하는 전략을 취하고 있으며, 레타트루타이드는 GLP-1, GIP, 글루카곤까지 포함한 3중 작용제로 개발되고 있다. 이러한 다중 호르몬 타깃팅 전략은 기존 GLP-1 RA보다 더 큰 체중 감량 효과를 나타낼 뿐만 아니라, 혈당 조절 및 대사 개선 효과도 뛰어난 것으로 보고되고 있다. 이는 장 호르몬을 활용한 치료제의 효과를 극대화하기 위한 새로운 접근법으로, 향후 더욱 주목받을 가능성이 크다. 특히, 글루카곤 수용체를 포함한 이중 및 삼중 작용제는 지방간 치료에도 효과적일 것으로 기대된다.

마지막으로, GLP-1과 다른 호르몬 약제를 병용하는 방법이다. 2형 당뇨병은 시간이 경과함에 따라 인슐린 분비 능력이 점차 감소하는 소위 진행성 질환으로, 결국 인슐린 치료가 필요해지는 경우가 많다. 따라서 인슐린을 어느 시점에서는 GLP-1 제제에 추가해야 하는 일이 생기게된다. 이러한 경우 두 약제가 섞여 있는 제형이 매우 요긴하다. 이러한 점에서 기저 인슐린과 GLP-1 RA를 병용한 아이덱리라(인슐린 데글루덱 + 리라글루타이드, 상품명 줄토피)나 아이글라릭시(인슐린 글라진 + 릭시세나타이드, 상품명 솔리쿠아) 같은 조합은 혈당 조절 효과를 극대화하면서도 인슐린 단독 사용 시 발생할 수 있는 체중 증가를 억제하는 효과를 기대할 수 있다. 특히, 혈당 조절이 어려운 2형 당뇨병 환자의 경우, 기존의 기저-식사 인슐린 치료법(매일 기저 인슐린 1회, 식사 인슐린 3회 주사)과 비교할 때, 인슐린과 GLP-1 제제를 병용하면 혈당 조절이 더욱 안정적이며, 저혈당 발생이 적고 체중 증가도 줄어드는 장점이 있다. 또한, 기존 기저-식사 인슐린 치료법에서는 환자가 주 28회(하루 4회 곱하기 7일) 주사를 맞아야 하지만, 인슐린과 GLP-1 제제를 병용하면 주 7회만 주사하면 되어 환자의 부담을 크게 줄일 수 있다. 현재 개발 중인 아이코세마는 주 1회 투여하는 기저 인슐린과 주 1회 투여하는 세마글루타이드를 병합한 제제로, 주사 횟수를 주 1회로 줄여 편의성을 극대화할 가능성을 보여주고 있다. 또한, GLP-1 제제인 세마글루타이드와 체중 및 혈당 조절 작용이 있는 또 다른 호르몬인 아밀린 수용체 작용제인 카그릴린타이드를 병합한 카그리세마도 개발되고 있다. 이러한 병용 요법은 기존 치료제의 한계를 극복하고, 다양한 대사 경로를 동시에 공략함으로써 치료 효과를 극대화하는 방식으로 발전하고 있다.

이처럼 장 호르몬을 이용한 치료제 개발은 단순한 혈당 조절을 넘어, 체중 감량과 대사 개선까지 고려한 다각적인 접근이 이루어지고 있다. 경구용 제제의 등장으로 환자의 편의성이 개선되고, 장기 지속형 치료제는 투여 빈도를 줄여 치료 순응도를 높이며, 다중 호르몬 타깃팅과 병용 요법은 기존 치료 효과를 더욱 극대화하고 있다. 앞으로도 이러한 연구가 지속되리라 예상되며, 더욱 효과적이고 안전한 치료제들이 개발될 것으로 기대된다. 우리 몸속에 묵묵히 맡은 바 임무를 다하는 장과 너무나도 복잡하지만 정교하게 만들어진 신진대사 시스템을 연결해주는 장 호르몬 기반 약제는 인간의 건강과 삶의 질을 획기적으로 개선해왔다. 앞으로 비만, 당뇨병을 포함한 대사 질환뿐만 아니라 이와 연관된 수많은 질병의 치료에 있어서 획기적인 대전환을 기대하며 글을 맺는다.

미주

1 Matthew Fox, "The disruptive effect of weight loss drugs like Ozempic could have surprising impacts on the stock market. Here are potential winners and losers,". MARKETS INSIDER (Sep 24, 2023).

2 박건형, "기적의 비만약 '위고비'를 탄생시킨 여성 과학자는 왜 분노하나". 조선일보 (2023.10.05.).

3 Pucci A, Batterham RL. Endocrinology of the Gut and the Regulation of Body Weight and Metabolism. [Updated 2020 Apr 25]. In: Feingold KR, Anawalt B, Blackman MR, et al., editors. Endotext [Internet]. South Dartmouth (MA): MDText.com, Inc.; 2000–. Table 1. [GI Tract Hormones Involved in...].

4 Kim KS, Park JS, Hwang E, Park MJ, Shin HY, Lee YH, Kim KM, Gautron L, Godschall E, Portillo B, Grose K, Jung SH, Baek SL, Yun YH, Lee D, Kim E, Ajwani J, Yoo SH, Guler AD, Williams KW, Choi HJ. GLP–1 increases preingestive satiation via hypothalamic circuits in mice and humans. Science. 2024 Jul 26;385(6707):438–446.

5 NamKoong C, Kim MS, Jang BT, Lee YH, Cho YM, Choi HJ. Central administration of GLP–1 and GIP decreases feeding in mice. Biochem Biophys Res Commun. 2017 Aug 19;490(2):247–252.

6 Pfeffer MA, Claggett B, Diaz R, Dickstein K, Gerstein HC, Køber LV, Lawson FC, Ping L, Wei X, Lewis EF, Maggioni AP, McMurray JJ, Probstfield JL, Riddle MC, Solomon SD, Tardif JC; ELIXA Investigators. Lixisenatide in Patients with Type 2 Diabetes and Acute Coronary Syndrome. N Engl J Med. 2015 Dec 3;373(23):2247–57.

7 Perkovic V, Tuttle KR, Rossing P, Mahaffey KW, Mann JFE, Bakris G, Baeres FMM, Idorn T, Bosch–Traberg H, Lausvig NL, Pratley R; FLOW Trial Committees and Investigators. Effects of Semaglutide on Chronic Kidney Disease in Patients with Type 2 Diabetes. N Engl J Med. 2024 Jul 11;391(2):109–121.

8 Malhotra A, Grunstein RR, Fietze I, Weaver TE, Redline S, Azarbarzin A, Sands SA, Schwab RJ, Dunn JP, Chakladar S, Bunck MC, Bednarik J; SURMOUNT—OSA Investigators. Tirzepatide for the Treatment of Obstructive Sleep Apnea and Obesity. N Engl J Med. 2024 Oct 3;391(13):1193—1205.

9 Meissner WG, Remy P, Giordana C, Maltete D, Derkinderen P, Houeto JL, Anheim M, Benatru I, Boraud T, Brefel—Courbon C, Carriere N, Catala H, Colin O, Corvol JC, Damier P, Dellapina E, Devos D, Drapier S, Fabbri M, Ferrier V, Foubert—Samier A, Frismand—Kryloff S, Georget A, Germain C, Grimaldi S, Hardy C, Hopes L, Krystkowiak P, Laurens B, Lefaucheur R, Mariani LL, Marques A, Marse C, Ory—Magne F, Rigalleau V, Salhi H, Saubion A, Stott SRW, Thalamas C, Thiriez C, Tir M, Wyse RK, Benard A, Rascol O; LIXIPARK Study Group. Trial of Lixisenatide in Early Parkinson's Disease. N Engl J Med. 2024 Apr 4;390(13):1176—1185.

10 Tang B, Sjolander A, Wastesson JW, Maura G, Blotiere PO, Szilcz M, Mak JKL, Qin C, Alvarsson M, Religa D, Johnell K, Hagg S. Comparative effectiveness of glucagon—like peptide—1 agonists, dipeptidyl peptidase—4 inhibitors, and sulfonylureas on the risk of dementia in older individuals with type 2 diabetes in Sweden: an emulated trial study. EClinicalMedicine. 2024 Jun 20;73:102689.

11 Wang W, Volkow ND, Berger NA, Davis PB, Kaelber DC, Xu R. Associations of semaglutide with incidence and recurrence of alcohol use disorder in real—world population. Nat Commun. 2024 May 28;15(1):4548. doi: 10.1038/s41467—024—48780—6. Erratum in: Nat Commun. 2024 Jun 18;15(1):5177.

12 Klausen MK, Jensen ME, Møller M, Le Dous N, Jensen AØ, Zeeman VA, Johannsen CF, Lee A, Thomsen GK, Macoveanu J, Fisher PM, Gillum MP, Jørgensen NR, Bergmann ML, Enghusen Poulsen H, Becker U, Holst JJ, Benveniste H, Volkow ND, Vollstadt—Klein S, Miskowiak KW, Ekstrøm CT, Knudsen GM, Vilsbøll T, Fink—Jensen A. Exenatide once weekly for alcohol use disorder investigated in a randomized, placebo—controlled clinical trial. JCI Insight. 2022 Oct 10;7(19):e159863.

13 Garvey WT, Frias JP, Jastreboff AM, le Roux CW, Sattar N, Aizenberg D, Mao H, Zhang S, Ahmad NN, Bunck MC, Benabbad I, Zhang XM; SURMOUNT—2 investigators. Tirzepatide once weekly for the treatment of obesity in people with type 2 diabetes (SURMOUNT—2): a double—blind, randomised, multicentre, placebo—controlled, phase 3 trial. Lancet. 2023 Aug 19;402(10402):613—626.

14 Aronne LJ, Sattar N, Horn DB, Bays HE, Wharton S, Lin WY, Ahmad NN, Zhang S, Liao R, Bunck MC, Jouravskaya I, Murphy MA; SURMOUNT—4 Investigators,

Continued Treatment With Tirzepatide for Maintenance of Weight Reduction in Adults With Obesity: The SURMOUNT–4 Randomized Clinical Trial. JAMA. 2024 Jan 2;331(1):38–48.

15 Nissen SE, Wolski K. Effect of rosiglitazone on the risk of myocardial infarction and death from cardiovascular causes. N Engl J Med. 2007 Jun 14;356(24):2457–71.

16 Zinman B, Wanner C, Lachin JM, Fitchett D, Bluhmki E, Hantel S, Mattheus M, Devins T, Johansen OE, Woerle HJ, Broedl UC, Inzucchi SE; EMPA–REG OUTCOME Investigators. Empagliflozin, Cardiovascular Outcomes, and Mortality in Type 2 Diabetes. N Engl J Med. 2015 Nov 26;373(22):2117–28.

17 Marso SP, Daniels GH, Brown–Frandsen K, Kristensen P, Mann JF, Nauck MA, Nissen SE, Pocock S, Poulter NR, Ravn LS, Steinberg WM, Stockner M, Zinman B, Bergenstal RM, Buse JB; LEADER Steering Committee; LEADER Trial Investigators. Liraglutide and Cardiovascular Outcomes in Type 2 Diabetes. N Engl J Med. 2016 Jul 28;375(4):311–22.

18 Husain M, Birkenfeld AL, Donsmark M, Dungan K, Eliaschewitz FG, Franco DR, Jeppesen OK, Lingvay I, Mosenzon O, Pedersen SD, Tack CJ, Thomsen M, Vilsbøll T, Warren ML, Bain SC; PIONEER 6 Investigators. Oral Semaglutide and Cardiovascular Outcomes in Patients with Type 2 Diabetes. N Engl J Med. 2019 Aug 29;381(9):841–851.

19 Hernandez AF, Green JB, Janmohamed S, D'Agostino RB Sr, Granger CB, Jones NP, Leiter LA, Rosenberg AE, Sigmon KN, Somerville MC, Thorpe KM, McMurray JJV, Del Prato S; Harmony Outcomes committees and investigators. Albiglutide and cardiovascular outcomes in patients with type 2 diabetes and cardiovascular disease (Harmony Outcomes): a double–blind, randomised placebo–controlled trial. Lancet. 2018 Oct 27;392(10157):1519–1529.

20 Gerstein HC, Colhoun HM, Dagenais GR, Diaz R, Lakshmanan M, Pais P, Probstfield J, Riesmeyer JS, Riddle MC, Ryden L, Xavier D, Atisso CM, Dyal L, Hall S, Rao–Melacini P, Wong G, Avezum A, Basile J, Chung N, Conget I, Cushman WC, Franek E, Hancu N, Hanefeld M, Holt S, Jansky P, Keltai M, Lanas F, Leiter LA, Lopez–Jaramillo P, Cardona Munoz EG, Pirags V, Pogosova N, Raubenheimer PJ, Shaw JE, Sheu WH, Temelkova–Kurktschiev T; REWIND Investigators. Dulaglutide and cardiovascular outcomes in type 2 diabetes (REWIND): a double–blind, randomised placebo–controlled trial. Lancet. 2019 Jul 13;394(10193):121–130.

21 Butler J, Shah SJ, Petrie MC, Borlaug BA, Abildstrøm SZ, Davies MJ, Hovingh

GK, Kitzman DW, Møller DV, Verma S, Einfeldt MN, Lindegaard ML, Rasmussen S, Abhayaratna W, Ahmed FZ, Ben—Gal T, Chopra V, Ezekowitz JA, Fu M, Ito H, Lelonek M, Melenovsky V, Merkely B, Nunez J, Perna E, Schou M, Senni M, Sharma K, van der Meer P, Von Lewinski D, Wolf D, Kosiborod MN; STEP—HFpEF Trial Committees and Investigators. Semaglutide versus placebo in people with obesity—related heart failure with preserved ejection fraction: a pooled analysis of the STEP—HFpEF and STEP—HFpEF DM randomised trials. Lancet. 2024 Apr 27;403(10437):1635—1648.

22 Perkovic V, Tuttle KR, Rossing P, Mahaffey KW, Mann JFE, Bakris G, Baeres FMM, Idorn T, Bosch—Traberg H, Lausvig NL, Pratley R; FLOW Trial Committees and Investigators. Effects of Semaglutide on Chronic Kidney Disease in Patients with Type 2 Diabetes. N Engl J Med. 2024 Jul 11;391(2):109—121.

23 AMGEN. "AMGEN ANNOUNCES ROBUST WEIGHT LOSS WITH MARITIDE IN PEOPLE LIVING WITH OBESITY OR OVERWEIGHT AT 52 WEEKS IN A PHASE 2 STUDY".

24 Gerstein HC, Sattar N, Rosenstock J, Ramasundarahettige C, Pratley R, Lopes RD, Lam CSP, Khurmi NS, Heenan L, Del Prato S, Dyal L, Branch K; AMPLITUDE—O Trial Investigators. Cardiovascular and Renal Outcomes with Efpeglenatide in Type 2 Diabetes. N Engl J Med. 2021 Sep 2;385(10):896—907.

25 FRACTYL health. "Fractyl Health Announces New Results From Its Rejuva® Platform Demonstrating Potent and Durable Effects of a Single Dose of a Human GLP—1 Pancreatic Gene Therapy Transgene Compared to Semaglutide in the db/db Mouse Model of Diabetes and Obesity". (Mar 12, 2024).

26 James WP, Caterson ID, Coutinho W, Finer N, Van Gaal LF, Maggioni AP, Torp—Pedersen C, Sharma AM, Shepherd GM, Rode RA, Renz CL; SCOUT Investigators. Effect of sibutramine on cardiovascular outcomes in overweight and obese subjects. N Engl J Med. 2010 Sep 2;363(10):905—17.

27 Mosenzon O, Capehorn MS, De Remigis A, Rasmussen S, Weimers P, Rosenstock J. Impact of semaglutide on high—sensitivity C—reactive protein: exploratory patient—level analyses of SUSTAIN and PIONEER randomized clinical trials. Cardiovasc Diabetol. 2022 Sep 2;21(1):172.

28 Kosiborod MN, Abildstrøm SZ, Borlaug BA, Butler J, Rasmussen S, Davies M, Hovingh GK, Kitzman DW, Lindegaard ML, Møller DV, Shah SJ, Treppendahl MB, Verma S, Abhayaratna W, Ahmed FZ, Chopra V, Ezekowitz J, Fu M, Ito H, Lelonek M, Melenovsky V, Merkely B, Núñez J, Perna E, Schou M, Senni M,

Sharma K, Van der Meer P, von Lewinski D, Wolf D, Petrie MC; STEP—HFpEF Trial Committees and Investigators. Semaglutide in Patients with Heart Failure with Preserved Ejection Fraction and Obesity. N Engl J Med. 2023 Sep 21;389(12):1069–1084.

29 Malhotra A, Grunstein RR, Fietze I, Weaver TE, Redline S, Azarbarzin A, Sands SA, Schwab RJ, Dunn JP, Chakladar S, Bunck MC, Bednarik J; SURMOUNT—OSA Investigators. Tirzepatide for the Treatment of Obstructive Sleep Apnea and Obesity. N Engl J Med. 2024 Oct 3;391(13):1193–1205.

30 Gina Kolata. "After Weight—Loss Surgery, a Year of Joys and Disappointments". New York Times (Dec. 27, 2016).

31 Mingrone G, Panunzi S, De Gaetano A, Guidone C, Iaconelli A, Leccesi L, Nanni G, Pomp A, Castagneto M, Ghirlanda G, Rubino F. Bariatric surgery versus conventional medical therapy for type 2 diabetes. N Engl J Med. 2012 Apr 26;366(17):1577–85.

32 Lee WJ, Almulaifi A, Tsou JJ, Ser KH, Lee YC, Chen SC. Laparoscopic sleeve gastrectomy for type 2 diabetes mellitus: predicting the success by ABCD score. Surg Obes Relat Dis. 2015 Sep—Oct;11(5):991–6.

33 Sjostrom L, Narbro K, Sjostrom CD, Karason K, Larsson B, Wedel H, Lystig T, Sullivan M, Bouchard C, Carlsson B, Bengtsson C, Dahlgren S, Gummesson A, Jacobson P, Karlsson J, Lindroos AK, Lonroth H, Naslund I, Olbers T, Stenlof K, Torgerson J, Agren G, Carlsson LM; Swedish Obese Subjects Study. Effects of bariatric surgery on mortality in Swedish obese subjects. N Engl J Med. 2007 Aug 23;357(8):741–52.

34 Kim MK, Lee HC, Lee SH, Kwon HS, Baek KH, Kim EK, Lee KW, Song KH. The difference of glucostatic parameters according to the remission of diabetes after Roux—en—Y gastric bypass. Diabetes Metab Res Rev. 2012 Jul;28(5):439–46.

35 Cho YM. Mechanism of Weight Loss and Diabetes Remission after Bariatric/Metabolic Surgery. Korean J Med. 2013;84(5):629–639.

36 구스미 마사유키 지음, 최윤영 옮김. 《먹는 즐거움은 포기할 수 없어!》. 인디고 (2018).

37 Kim EK, Oh TJ, Kim LK, Cho YM. Improving Effect of the Acute Administration of Dietary Fiber—Enriched Cereals on Blood Glucose Levels and Gut Hormone Secretion. J Korean Med Sci. 2016 Feb;31(2):222–30.

38 Ibid.

39 Jakubowicz D, Froy O, Ahren B, Boaz M, Landau Z, Bar—Dayan Y, Ganz T, Barnea M, Wainstein J. Incretin, insulinotropic and glucose—lowering effects of whey protein pre—load in type 2 diabetes: a randomised clinical trial. Diabetologia. 2014 Sep;57(9):1807—11.

40 Bae JH, Kim LK, Min SH, Ahn CH, Cho YM. Postprandial glucose—lowering effect of premeal consumption of protein—enriched, dietary fiber—fortified bar in individuals with type 2 diabetes mellitus or normal glucose tolerance. J Diabetes Investig. 2018 Sep;9(5):1110—1118.

41 Kuwata H, Iwasaki M, Shimizu S, Minami K, Maeda H, Seino S, Nakada K, Nosaka C, Murotani K, Kurose T, Seino Y, Yabe D. Meal sequence and glucose excursion, gastric emptying and incretin secretion in type 2 diabetes: a randomised, controlled crossover, exploratory trial. Diabetologia. 2016 Mar;59(3):453—61.

42 Dagbasi A, Byrne C, Blunt D, Serrano—Contreras JI, Becker GF, Blanco JM, Camuzeaux S, Chambers E, Danckert N, Edwards C, Bernal A, Garcia MV, Hanyaloglu A, Holmes E, Ma Y, Marchesi J, Martinez—Gili L, Mendoza L, Tashkova M, Perez—Moral N, Garcia—Perez I, Robles AC, Sands C, Wist J, Murphy KG, Frost G. Diet shapes the metabolite profile in the intact human ileum, which affects PYY release. Sci Transl Med. 2024 Jun 19;16(752).

43 Ellingsgaard H, Hauselmann I, Schuler B, Habib AM, Baggio LL, Meier DT, Eppler E, Bouzakri K, Wueest S, Muller YD, Hansen AM, Reinecke M, Konrad D, Gassmann M, Reimann F, Halban PA, Gromada J, Drucker DJ, Gribble FM, Ehses JA, Donath MY. Interleukin—6 enhances insulin secretion by increasing glucagon—like peptide—1 secretion from L cells and alpha cells. Nat Med. 2011 Oct 30;17(11):1481—9.

44 Alang N, Kelly CR. Weight gain after fecal microbiota transplantation. Open Forum Infect Dis. 2015 Feb 4;2(1).

45 Yoon HS, Cho CH, Yun MS, Jang SJ, You HJ, Kim JH, Han D, Cha KH, Moon SH, Lee K, Kim YJ, Lee SJ, Nam TW, Ko G. Akkermansia muciniphila secretes a glucagon—like peptide—1—inducing protein that improves glucose homeostasis and ameliorates metabolic disease in mice. Nat Microbiol. 2021 May;6(5):563—573.

KI신서 13415

슈퍼 호르몬

1판 1쇄 발행 2025년 3월 19일
1판 2쇄 발행 2025년 4월 9일

지은이 조영민
펴낸이 김영곤
펴낸곳 ㈜북이십일 21세기북스

서가명강팀장 강지은 **서가명강팀** 강효원 서윤아
교정 교열 김승규 **표지** THIS-COVER **본문** 푸른나무디자인
마케팅팀 남정한 나은경 한경화 권채영 최유성 손용우 전연우
영업팀 한충희 장철용 강경남 황성진 김도연
제작팀 이영민 권경민

출판등록 2000년 5월 6일 제406-2003-061호
주소 (10881) 경기도 파주시 회동길 201(문발동)
대표전화 031-955-2100 **팩스** 031-955-2151 **이메일** book21@book21.co.kr

ⓒ 조영민, 2025
ISBN 979-11-7357-127-5 04300
      979-11-7357-140-4 (세트)

(주)북이십일 경계를 허무는 콘텐츠 리더

21세기북스 채널에서 도서 정보와 다양한 영상자료, 이벤트를 만나세요!
페이스북 facebook.com/21cbooks   포스트 post.naver.com/21c_editors
인스타그램 instagram.com/jiinpill21   홈페이지 www.book21.com
유튜브 youtube.com/book21pub

'베리타스' 시리즈   나를 깨우는 세상의 모든 진리

베리타스는 '진리'를 뜻하는 라틴어로, 서울대학교 석학들의 지혜를 기록하는 지식교양 시리즈입니다. 서재 속의 숨은 진리를 찾아 나와 세상을 깨우는 책을 펴냅니다.

출간 예정 목록 (가제)

함께 읽으면 좋을 서울대 인기 교양수업 시리즈

'서가명강'은 대한민국 최고 명문 대학인 서울대학교 교수님들의 강의를 엮은 도서 브랜드로, 다양한 분야의 기초 학문과 젊고 혁신적인 주제의 인문학 콘텐츠를 담아 시리즈로 발간하고 있습니다.
